高中语文
教学

# 高中语文
# 教学方法
# 探析

聂海 朱琳 任重殊 ◎著

高中语文教学的理念
语文教师的素养
语文教学规划与确定
高中语文教学方法的创新
语文教学中创新思维的培养

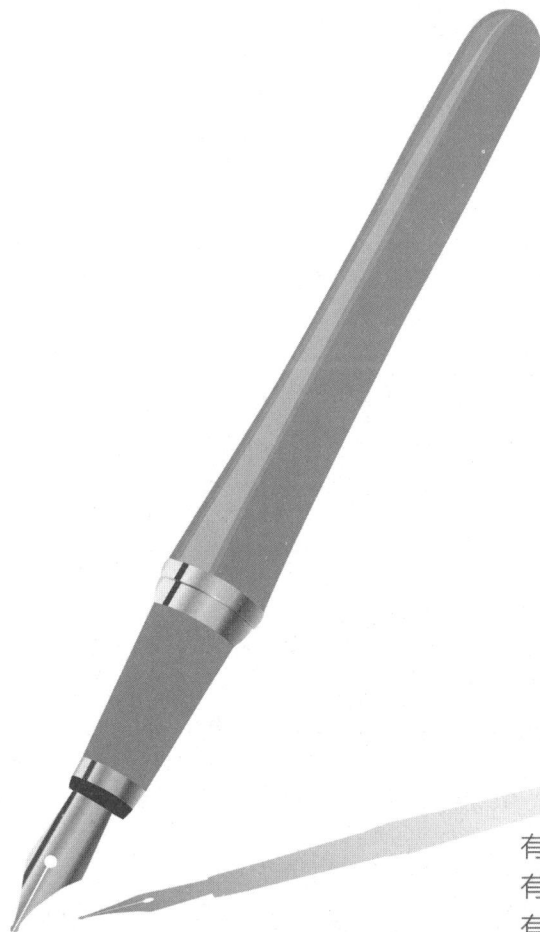

有理论
有策略
有方法
全方位阐述

高中语文双课堂教学方法
单元整合教学方法
项目式教学方法
三步自主合作探究

中国出版集团
中译出版社

**图书在版编目（CIP）数据**

高中语文教学方法探析 / 聂海，朱琳，任重殊著
. -- 北京：中译出版社，2024.3
　ISBN 978-7-5001-7823-1

　Ⅰ.①高… Ⅱ.①聂… ②朱… ③任… Ⅲ.①中学语
文课—教学研究—高中 Ⅳ.①G633.302

中国国家版本馆CIP数据核字（2024）第066857号

高中语文教学方法探析
**GAOZHONG YUWEN JIAOXUE FANGFA TANXI**

著　　者：聂　海　朱　琳　任重殊
策划编辑：于　宇
责任编辑：于　宇
文字编辑：田玉肖
营销编辑：马　萱　钟筏童
出版发行：中译出版社
地　　址：北京市西城区新街口外大街28号102号楼4层
电　　话：（010）68002494（编辑部）
邮　　编：100088
电子邮箱：book@ctph.com.cn
网　　址：http://www.ctph.com.cn

印　　刷：北京四海锦诚印刷技术有限公司
经　　销：新华书店
规　　格：787 mm×1092 mm　1/16
印　　张：11.5
字　　数：225千字
版　　次：2024年3月第1版
印　　次：2024年3月第1次印刷

ISBN 978-7-5001-7823-1　　　定价：68.00元

# 前　言

　　高中语文教学作为我国高中教学中的重要组成部分，是我国教学的重点科目，在我国人才培养中发挥着重要的作用。高中语文在高考时的分值所占比重相对较大，语文教学的主要目的是培养学生的语文能力。学生的语文能力是以语文知识为基础，由听、说、读、写四种能力和多维度思维的深刻性、灵活性、独创性构成的一个开放的动态系统。所以高中语文教师应当采取有效的教学方法来提高教学效率。高中语文相比小学和初中语文涉及的知识面广，知识相对复杂，所以学生在高中语文的学习中会面临很多困难。教师可以从学生的实际情况入手，采用创新的教学方式，提高语文教学的有效性和教学效果。

　　高中生的学习压力较大，他们每天都需要面对教师和家长的殷切期望、繁重的学业及高考的压力，高中语文在他们的学习过程中有着不容忽视的重要性，并且高中语文学习的内容较广泛，学习难度较大，从而导致学生在学习过程中容易心不在焉，无法及时高效地吸收掌握语文知识。为了提高高中生的学习积极性及语文学习能力，高中语文教师有必要选择高效的教学策略展开教学，从而调动语文课堂的教学氛围，提高语文课堂的教学质量。

　　本书对高中语文教学相关内容进行了深入的研究与分析。首先，介绍了高中语文教学的理念、语文教师的素养、语文教学规划与确定。在此基础上，对高中语文教学方法的创新及语文教学中创新思维的培养进行了探讨。其次，通过对高中语文双课堂、单元整合、项目式，以及"三步自主合作探究"等教学方法的阐释，论述了这些教学方法的理论以及具体的设计策略和实施方法。全书在内容上有理论、有策略、有方法，以学生核心素养的养成为核心，全方位地阐述了高中语文教学方法的实施路径，适合语文教学研究者及语文教育爱好者使用。

　　本书在写作的过程中参考了大量的文献资料，不能一一列出，在此向参考文献的作者表示崇高的敬意。由于水平有限，书中难免存在很多不足之处，恳请各位专家和读者提出宝贵意见，以便进一步修订，使之更加完善。

作　者

2023 年 8 月

# 目 录

# 第一章 高中语文教学理论

## 第一节 高中语文教学的理念

### 一、高中语文教学现状

当前语文教学效果还不理想，还存在一些问题。具体而言，主要存在以下三方面的问题：首先，教学设计不够灵活，教学模式过于僵化。当前语文教材内容十分丰富，对教师的教学能力提出更高的要求。因此，教师在教学前必须对文章及教学大纲进行深入分析，灵活地设计教案。但是，部分教师没有做到这一点，设计的教案有时明显不符合学情，漏洞百出。并且由于教学设计不够灵活，所以很难正确处理教学中的一些突发状况。其次，教学评价不合理。新课程标准实施之后，语文教师也意识到传统教学评价的片面性与不足，并且也将教学评价转为以鼓励为主，但受到应试教育的长期影响以及语文教学环境的制约，在教学中过于看重学生的考试成绩，忽视学生能力的培养。同时，在教学评价过程中，教师有时也缺少真诚与热情。最后，语文教学缺少一定的实践性。以作文教学为例，教师虽然将一些写作手法与写作技巧传授给了学生，但由于学生自身实践方面的不足，写出来的作文常常内容空洞、缺乏真情实感、没有个性，不符合作文要求。

### 二、语文教学的终极目标

谈论语文教学的终极目标，或许会引起一部分人发笑，他们会认为，一名普通的语文教师想那么多干什么，把学生的语文成绩教出来就完事了。"把成绩教出来就完事"的想法是一种很"务实"的想法，但也正是这种想法牵绊着语文教育。有这种想法的人不在少数，究其原因，他们或根本就没有自己的语文教学理想，或不知道自己的语文教学理想，或心有理想却无力践行。的确，有些语文教师没有自己的语文教学理想，他们认为，语文教学只不过是一种谋生职业选择而已。有些教师是不知道自己的语文教学理想，他从小学到大学，再从大学来到中学，所走的路都是别人走过的，他只不过是沿着前人的足迹在行走，这算是一批饱受传统语文教育熏陶的语文教师了。当学生时所经历过的课堂模式在他的心中烙下了深深的印痕，导致当他走上讲台的时候，这些印痕在内心发光发亮，成为照亮他前行道路的指路灯，于是，他就在经验与印象的指导下走着以前教师所走过的路。还有一些教师，他们心中充满了语文教学理想，但受现实左右夹击，语文梦早已支离破碎。毕竟，多少人在选择职业的时候，本来就不是基于梦想，而是基于当年高考分数现实；多少人在梦想与现实之间，在权衡种种利弊之后更多地趋向于现实的选择。然而，这些虽是人之常情，但不符合教育之精神。教育的使命要求教育者是一个有教育理想和教育信念的人，当前语文教育所产生的困境与教育者的精神高度不无关系。因此，我们应该反思，我们的语文教育需要一个什么样的理想高度。

教育与社会上的许多行业不同，它既不是一种生产流水线式的机械运转，也不像企业一样以追求业绩和利润为目标。它的目标是培养人才，教育者只有明确我们的教育要把学生培养成一个什么人，才会有正确的教育方向。今天教育所存在的种种问题，从某方面来说，就是因为我们在教学中的短视造成的，它考虑的是阶段的成绩，而不是人的生活与发展。我并不否定阶段目标的重要性，但我认为，在教育行业里，首先要追求和追问的应该是它的终极目标。没有终极目标，教育的阶段目标就很可能在现实的种种语境干扰中和种种利益的权衡下迷失方向，从而脱离正确的轨道。

教育的终极目标是什么？有人说，教育的终极目标是培养能够在未来社会生存与发展的人。但我认为，真正的教育不仅是让学生拥有一种生存与发展的技能，更要让其成为一个真正意义上的"人"，有鲜活的灵魂，有基准的道德，有独立的思想，有独特的人格。就语文学科而言，在成就一个"人"的过程中所起的作用，是其他学科所无法比拟的。因此，在语文教师的心中，自始至终都要把培养和造就"人"作为教育教学的中心任务和终极目标。

明确教育的终极目标，有助于语文教师确立正确的教学理念。长期以来，教育的终极目标一直不曾淡出教育话题，但真正能把它作为自己的教学理念并身体力行去实践它的人却不多。语文教学要突围，首先要将教育的终极目标树立在心里，让它生根发芽、茁壮成长。这是至关重要的一步，因为教育的终极目标决定着每一名语文教师在教育教学实践中的方向、内容和形式。

当前，新一轮的高考改革正在渐次实施。比较明朗的是语文学科在未来的高考中，学科分值比例会有所提高。这事实上不是一次单纯以考试为目标的改革，而是一次以考试改革引导教学改革的活动。因此，我们有理由相信，提高高考语文学科分值比例，其目的应是强调语文学科的重要性。一个学科重要与否，关键表现在它对人才的培养作用上。由此，我们不妨说，语文学科教育在培养人才方面具有重要的作用，而我们的教育部门正视了语文学科在培养人才上的重要价值。要实现语文的价值，就必须尊重语文学科的地位，也必须尊重语文的教学规律和教育功能，这让我们对未来的语文充满期待，期盼着未来的语文教育会行进在通往终极目标的道路上。

## 三、语文教学的阶段目标

如果说语文教学的终极目标是一种精神指引，语文教学的阶段目标则是语文教师的教学使命；如果说语文教育的终极目标回答了"为何教"，语文教育的阶段目标则需要回答"教什么"。

高中语文要教什么，这本来不是个问题，更不应该成为教学理念问题，因为在中华人民共和国教育部制定的《普通高中语文课程标准》里已经说得非常清楚。然而，反观当下的语文教学现状，这些纲领性文件却无法让高中语文教学实施得明明白白。对于《普通高中语文课程标准》，绝大部分语文教师都阅读过里面的内容，新教师甚至还接受过相关的培训，但能对其内容进行深入解读的并不多，能充分领会其中精神并很好地运用到教学实践中的人更是少之又少。对许多新教师来讲，要完全理解其中的内容或许有一定的困难，他们更愿意选择师徒薪火相传的方式来习得语文的教育教学方法。通常，新教师刚到中学任教时，学校都会安排一名经验丰富的教师带教，也会强调新教师要加强课程标准的理论学习，但有没有学习，就要看新教师的积极性了。在这种情况下，大多数新教师对于课程标准知之甚浅，如果要问他们高中语文教什么，我想他们的回答多半是教教材和教课文。对老教师来讲，对于考试大纲的熟悉程度要远胜于课程标准，他们更看重高考考什么。

高考是他们一切教学的指挥棒，如果他能在高考的指挥棒之下依然行走在课程标准要求的范围之内，那已经是很对得起良心了。新教师的教学可谓不甚知其然，亦不甚知其所以然；而老教师的教学则可能是知其然亦知其所以然，就是偏偏不行其道。二者皆有背离课程标准要求之嫌，这就有必要正本清源，让每一名教师重新明确高中语文应该"教什么"。

《普通高中语文课程标准》作为一种纲领性文件，它明确了高中语文教学的具体目标，语文教学只有按照课标要求，才能实现语文教育教学的基本任务。如果说一名语文教师明白语文教学的终极目标可以让他在语文教育的道路上不迷失方向，那么明白高中语文课程标准则可以让他在具体每一步的教学过程中不犯错误。可以说，深入学习课程标准是形成正确的语文教学理念的重要前提。

普通高中教育是面向大众的、与九年义务教育相衔接的基础教育。社会的发展对我国高中教育提出了新的要求，也就是适应时代的需要，调整课程的内容和目标，变革学习方式和评价方式，构建具有时代性、基础性和选择性的高中语文课程。

从以上内容可以看出，普通高中语文教育是九年义务语文教育的延续与升华，而不是九年义务语文教育在形式上的重复；它是培养人能够在未来社会生存与发展的基础教育，而不是研究某个领域知识的专业教育；它要求语文教育要顺应社会发展，而不是一味地沿袭传统做法；它讲究依照时代的需要去调整课程的内容和目标、变革学习方式和评价方式，而不是机械地操作某种课堂模式。总之，构建具有时代性、基础性和选择性的高中语文课程才是高中语文教学的核心目标。

一名语文教师只有厘清普通高中教育的概念，才能真正明确高中语文教学的起始点和着眼点，才能够真正树立高中语文教学一切都是为了学生的发展的理念，才会明白高中语文教学绝不是纯粹教材里的课文那么简单。

再看课程性质的表述：语文是最重要的交际工具，是人类文化的重要组成部分。工具性与人文性的统一，是语文课程的基本特点。高中语文课程应进一步提高学生的语文素养，使学生具有较强的语文应用能力和一定的语文审美能力、探究能力，形成良好的思想道德素质和科学文化素质，为终身学习和有个性地发展奠定基础。

"工具性"和"人文性"的课程性质决定了高中语文教学的内核，也规定了高中语文教学的方向。由此之下而提出的学生应该具备"较强的语文应用能力""一定的语文审美能力、探究能力"与"良好的思想道德素质和科学文化素质"也是很自然很合理的要求。一名高中语文教师如果心中有"课程性质"，他就会明白一切的语文课堂教学和语文活动的归属点，如果心中没有"课程性质"，那么他的语文课堂教学就可能是一种率性而为，最终难以实现教育教学目标。

高中语文课程应帮助学生获得较为全面的语文素养，在继续发展和不断提高的过程中有效地发挥作用，以适应未来学习、生活和工作的需要。应增进课程内容与学生成长的联系，引导学生积极参与实践活动，学习认识自然、认识社会、认识自我、规划人生，实现本课程在促进人的全面发展方面的价值追求。高中语文课程应注重应用，以适应现实生活和学生自我发展的需要。要使学生掌握语言交际的规范和基本能力，并通过语文应用让学生养成认真负责、实事求是的科学态度。语文具有重要的审美教育功能，高中语文课程应关注学生情感的发展，让学生受到美的熏陶，培养自觉的审美意识和高尚的审美情趣，培养审美感知和审美创造的能力。现代社会要求人们思想敏锐，富有探索精神和创新能力，对自然、社会和人生具有更深刻的思考和认识……应在继续提高学生观察、感受、分析、判断能力的同时，重点关注学生思考问题的深度和广度，使学生增强探究意识和兴趣，学习探究的方法，使语文学习的过程成为积极主动探索未知领域的过程。

在这些表述中，既包含了语文的终极追求目标——为培养人而服务，也强调了语文教育的现实层面意义和精神层面意义。从现实层面看，语文教育是服务人的生活与发展的，如从语文学习中认识自然、认识自我和规划人生，从语文学习中掌握语言交际能力，从语文学习中学会独立思考问题等；从精神层面看，语文教育是服务于人的精神追求的，如从语文学习中培养审美意识、审美情趣、审美感知和审美创造力，从语文学习中掌握正确的思维方法，从语文学习中选择人生的发展方向等。可以说，《普通高中语文课程标准》中有关课程基本理念的内容阐述是值得每一名高中语文教师反复品读、揣摩，直至融入自己的语文教学观念之中的。不管一名语文教师的教学观念有多么丰富，如果在他的教学思想里没有这些内容，那么他的语文教学思想必然是模糊的，如果他只是部分地拥有这些内容，那么他的语文教学思想必然是残缺的。

# 第二节 高中语文教师的素养

## 一、语文教师的德育功能

教师的素养首先应该是道德修养。韩愈在《师说》中所说的"传道""受业"与"解惑"三者中，"传道"是首要的任务。虽然不同时代对"道"的理解有所不同，但其核心都是对人进行人格品质的教育，这教育既包含为人处世的道德教育，也包含了学习方法与求学品质的教育。中国文学历来都有"文以载道"之说，即文章具有传授道理和弘扬精神的社会功能，如《论语》《孟子》《大学》等中国古代文化经典就对一代又一代的中国人产生过重大的影响。语文学科教学是一种思想文化的传播，在"传道"方面要比其他任何学科都更具优势，同时也需要担负一份责任。教育所传之道，必然是一种正道，这就要求为师者要具备一定的道德素质。

教育是一把双刃剑，好的教育大者利国利民，让一个民族走向繁荣、富强和文明，小者让每一个接受教育的人受益，既从中获取知识能力，也形成了良好的人格品质；不好的教育大者可能会给世界、社会带来灾难，小者影响到一个人的世界观与人生观，直接关系到一个人的成长与发展。具体到语文阅读教学，也是如此。一个人阅读了一本好书，接受了其正面的精神内核，那么书中的内容就可能成为他优质精神的种子；反之，一个人如果阅读的是一本坏书，接受了其坏思想的影响，那么邪恶之花就有可能在他的体内盛开。

高中生的人生观和世界观尚未完全成熟，容易受到包括文本在内的各种媒介信息和各种社会生活思潮的影响。在语文教育的过程中，教师必须有一份觉悟，即便自己是一个愤青、自己对社会存在偏见、对生活中的某些现象痛恨不已、自己的人生不得志，但到了课堂，就必须明确自己作为师者的身份与责任，不能把课堂作为宣泄感情的地方，不能在文本分析的时候夹杂带有泄愤性质的偏见，更不能为了博得学生的眼球而对人物、事件做出黑白颠倒的评价。这并不是说，在进行语文教学时教师要特地美化这个世界，而是教师在有正确的世界观和人生观的基础上，理性地分析这个世界的各种问题，并教会学生理性看待这个世界。教育是有浸染力量的，当一名教师不断在课堂上宣泄各种负面情绪时，有的学生可能会因此厌恶教师的行为，还有的学生可能因此被他所感染，也满身负能量。因此，为师者不是不能发泄自己的情感，但绝不能在教育场合轻易发泄自己的不良情感，这是一种对学生成长的负责，也是教师职业道德的基本要求。

我们相信绝大多数的语文教师在道德品质上是没有问题的，我们所忧虑的是语文教师在教学过程中太重视传授知识，而忽视了重要的"传道"工作。我们能够理解在高考语境下的语文教师和学生所做出的选择，但当这些选择占据了教育工作的全部之时，我们可能已经违背了教育的初衷。在物质很不发达的古代，孔老夫子的教育内容尚且追求"以人为本"，教育目标首先关注的是人的道德修养，其次才关注知识的追求；而物质发达的今天，教育的认识却出现了历史性的退步，注重的是考试知识而不是人文精神。如果说在一个贫困的乱世之中，人的精神找不到通往崇高的方向，只能浑浑噩噩地活着，那是一种无可奈何但可以原谅之事；但在物质相对丰富、生存环境相当稳定的今天，我们许多人身上依然散发着浑浊之气，光鲜的外表下面依然沉寂着一颗只求"物质地活着"的心，那就是时代的悲哀了，也是教育的悲哀。从这个意义上来说，这是不符合师德行为的，因为他没有正视教育之于培养人的责任，无论他在教育教学上有多投入，他所进行的依然是一种不负责任的教育。

知识改变命运？不能形成能力的知识未必能够改变一个人的命运，甚至邪恶的知识还可能摧毁一个人的命运。所以，教育者要明白，教学只有给予学生正确的思想和有用的知识，才有可能真正改变他们的命运。一个人不可以无知，更不能无耻，无知将导致人生平庸，行事蛮干，业无所成；而无耻之人则为非作歹，无所不用其极。知识与思想孰轻孰重，不言而喻。当前语文教育的目的性和短视造成的重知识积累、轻人格发展的做法，无论是对这个时代的精神，还是对语文教学本身，都是一种莫大的伤害。

教育过程有时就如同塑造表情一样，教育的内容塑造了一个群体的表情，而一个群体的表情也大抵反映了一种教育的面目。可以说，道德教育可以让社会变得更加和谐与温馨，而和谐与温馨的社会反过来也照映出了一代教育的良心。

为抢夺分数而进行的知识传授，对语文教学本身也是一种伤害。语文学习必然要接触许多经典文化和文学作品，当以一种目的性极强的方式传授语文知识时，无疑丢弃了经典文化中的精髓，甚至把经典当作文言文教学的材料，内容成为一种表象知识，除了记忆以应对考试，灵魂却没有得到滋养。当用这种态度解读文学作品的时候，分析形象如同解剖人体，除了外在的轮廓与印象，缺乏灵魂的对话。本是文学大餐、美味佳肴，吃到嘴里却味同嚼蜡，以此教学而想培养学生的语文兴趣、造就文学创作人才，无异于痴人说梦。当然，这样的阐述也许显得有些极端，甚至有些危言耸听，但每一名教育者认真想想，不难发现一味地以传授知识为主的教学，总是多多少少地存在以上所描述的影子，它说明我们的教育失去了内涵，沾染了杂质，是不够纯粹的。教育是关乎人的灵魂的，它不能没有内涵，也不应该允许杂质的存在。

理想的教育是让人的灵魂走向美好的教育，要让学生有美好的灵魂，前提是引导走上美好灵魂道路的向导——教师有一个完善的健康人格。陶行知说过："捧着一颗心来，不带半根草去，千教万教教人求真，千学万学学做真人。"当下我们的教育有些失真，失真的教育不仅是对孩子的一种不公，同时也让教育偏离了正道，让社会变得更加复杂。

## 二、语文教师的专业素养

社会对教师的专业素养期望很高，许多家长都特别希望自己的孩子能够遇到一个全能型的教师，孩子交到这样的教师手里，无论是孩子的学科学习问题，还是其他品质方面的问题，都能得到全面的解决。在许多人眼中，一位优秀的教师有远大的教育理想、执着的专业追求、完备的知识体系、先进的教育理念、高超的教学艺术以及鲜明的教学风格。而一位优秀的语文教师除了有上述的特点，还必须具备诗意的人生态度、高雅的生活品位、广阔的知识视野和丰厚的文化底蕴。再具体一点儿，还要能朗诵、能书法、能演讲、能表演、能阅读、能鉴赏、能写作等。这样高的期待没有错，但当下语文教师都做不到这些。

理想的教师素养只能是一个标高，是让人追求的，不是用来要求的。但我们必须承认一个现实，一名教师尤其是语文教师专业素养的养成，需要时间的投入、阅历的增长以及有专业的热情和持之以恒的追求。想要求一名刚毕业的语文教师有课堂教学艺术、深邃的教学思想以及完备的知识体系，可能吗？就目前高中语文教学而言，一名教师所要承担的任务非常之多，有古诗文教学，有现代文的散义、小说、传记等文体的教学，有写作教学等。一名新教师要熟练掌握这些内容的教学，没有几年的教学经验积累，是实现不了的，这是语文教师专业成长的现实情况。面对这样的现实，高中语文教育要做两件事：一是解决教师专业成长的困境；二是明确教师专业素养的追求目标。

教师专业成长的最大困境就是语文教师承担的教学内容过于广泛，教学研究缺乏时间和精力的保证。因此，要解决教师专业成长的困境，就需要改革当前的语文教学分工，通过教学内容的分工来实现教师在完成教学任务的同时还有时间和精力进行教学研究和提升自己的专业素养。例如高中语文教学可以让教学内容分工精细化，除了基本阅读鉴赏能力和写作表达能力是每一名教师都必须具备的能力外，每一名教师只担任某一个文体或某个专题的教学。如果一个教师负责所有文体和专题的教学，他很难有精力去深入研究教材文本背后的相关知识，自身的修养也没有机会得到太大的提高。

高中语文教师的专业素养目标应该包含基本专业素养和人文艺术修养。语文教师的人文艺术修养是一些有志于语文教学理想的人才有可能达到的修养，如拥有乐观豁达的人生态度、高雅的生活品位、丰厚的文化积淀和高超的教学艺术等，它不是一蹴而就的，它需要时间的洗礼、理想的执着、经验的沉淀和智慧的凝聚。如果说一名教师的人文艺术修养体现的是一名语文教育者的理想追求，那么基本专业素养则是语文教育对一名合格语文教师所提出的底线要求。可以说，基本专业素养是一名语文教师必修的素养，它是高中语文教学的一种基本保障。

高中语文教师的基本专业素养应该包括理论素养和能力素养两个部分。理论素养包括《普通高中语文课程标准》、语文教育学和方法论等知识以及教育学、逻辑学、心理学、美学等内容。高中语文能力素养，除了每个高中教育者应有的教学组织能力外，最基本的是阅读鉴赏能力素养和写作能力素养。

《普通高中语文课程标准》是指导高中语文教学的总纲，只有通过学习它，才能明确语文学科的性质，语文教学的基本理念、设计思路和课程目标。它是整个高中语文教学的总指挥，决定了语文的性质、目的和任务，也可以说，它是每一名语文教师进行语文教学的立足点。当前高中语文教学为什么偏离轨道，原因之一就在于许多语文教师心中有考纲，却没有课标。由此可见，认识高中语文课程标准是确保高中语文教育正确性的前提。在方向正确的基础上，高中语文教师还要学习语文教育学和方法论方面的知识，通过它认识语文学科的特点，把握语文教育教学规律，学习课堂教学操作方法。在语文教学理念上，我们要改变过去"教语文"的做法，所谓"教语文"就是教师借助语文教材进行语文知识的教学，还要在认识语文学科特点和教育教学规律的基础上，用语文独特的功能来培养人，只有让语文为培养人才服务了，语文才能真正体现它的学科教育价值。

高中语文虽然是一门基础学科，但同时它也是一门综合性很强的学科。成功的语文教学，仅凭文字学、语言学、阅读学和写作学等专业知识是不够的，还必须能够运用教育学、心理学、逻辑学、美学、信息论等相关学科的知识。

心理学的知识，对语文教师而言尤为重要。对其他学科教师来讲，他们只需要掌握教育心理学知识，用以了解学生不同成长阶段的不同心理特征，并借助和利用这些心理特征进行更有效的教学。而对语文教师来讲，除了掌握这部分知识以外，他还应该掌握大众心理学，甚至哲学意义上的心理学，因为文学作品多数是通过人物的塑造来表现主题的。在阅读鉴赏过程中有大量的内容涉及心理学，甚至涉及哲学意义上的心理学，教师如果缺乏这方面的知识，在进行相关的阅读鉴赏时，就可能无法真正了解作品人物的精神特质，从而无法实现对作品主旨内容的准确把握。

逻辑学知识在过去的语文教学中是一直被忽视的，在大学汉语言文学教育专业中，逻辑学虽然是作为一门必修学科，但对学生要求并不高，学生所掌握的逻辑学知识还是相对单薄浅显的。高中语文的阅读教学和写作教学都需要有逻辑思维的介入，一个逻辑思维混乱的人，因为无法把握文本内容的逻辑，对文本的解读是难以深入的；同样，一个逻辑思维混乱的人，他的说理能力往往是比较弱的，很难写出一篇思路清晰、表达严密的文章。我们通常所说的逻辑指的是数理逻辑，也称形式逻辑。符号性很强的形式化数理逻辑对许多大学生而言是一门非常难学的课程，并且它也不能很具体地教给学生处理日常生活中的推理和论证的能力。于是，后来在欧美大学诞生了一种新的逻辑课程，它就是批判性思维课程。批判性思维能够教会学生在重大问题上做出相对准确、合理的判定与决策的方法。批判性思维最核心的部分是识别、评估和重构论证，可以说批判性思维是以形式逻辑思维为基础的一门非形式逻辑思维。具体就高中写作教学的需要来说，就是教会学生处理好论据的真实性与可信度，让文章的论述说理更具有说服力。让文科出身的语文教师去学数理逻辑是有一定困难的。高中的语文教学需要逻辑思维的参与，但并不是让教师直接教学生数理逻辑知识，而是运用逻辑思维来进行阅读鉴赏和写作思考。因此，高中语文教师所要学的逻辑知识可以是批判性思维的知识。目前，批判性思维在国外许多大学都是一门比较成熟的课程，有关批判性思维内容的书籍很多，高中语文教师应该通过阅读这方面的书籍，培养自己的批判性思维能力，然后在教学中把这种思维方法运用到教学实践中，甚至直接把逻辑思维方法教给学生，使之思考更加理性、严密和正确。

高中语文能力素养方面，阅读鉴赏能力与写作能力是其最重要的内容。阅读鉴赏能力的形成源自阅读量的积累和阅读技巧的掌握，有丰富的阅读量才会有丰富的阅读经验积淀，才会有广阔的阅读视野，才会有深邃的阅读思想和敏锐的阅读眼光。同时，阅读要与阅历互动。如果说阅读所构建的是一名教师素养中的骨架与肌肉，那么阅历则是流淌在躯体里的血液。丰富的阅历不仅是知识的有机组成部分，还包括生命最真实的体验和最深刻的智慧，这是阅读文学作品很难抵达的高度。

阅历与阅读是相得益彰的，阅读本身就是增长阅历的一种方式，而丰富的阅历有助阅读的深入。阅历与人的生命历程有一定的关系，但并不是绝对的正比关系。一名语文教师如果涉世不深、见识肤浅，他可能无法解读深沉的文章；一名语文教师如果不关注和思考生活，整天就是围着那几篇教材转，同样无法读出文字背后的余味。阅历的来源无非两方面：一方面是自己亲自实践的生活；另一方面是对世界、社会和生活的关注与思考。前者基于教师职业的特点，能够深入体验的生活相对较少；后者则是教师增长阅历的最主要方式。说到底，一名语文教师的阅历是否丰富，就看他的生活态度。一名热爱生活关注生活的语文教师，他会创造各种机会体验和实践各种生活，哪怕在假期里选择旅游，探访自然文化与历史文化也是一种十分有益的积淀。他更会关注国家社会大事和社会生活中的各类事件，并对这些事件做出思考和判断，以丰富内在的积淀和提升自己思想的敏锐性。阅历丰富的教师总是受学生欢迎的，因为他的知识丰富、见解睿智，在文本阅读鉴赏的时候，往往能够从文本中读出独特的生活意味，真正把握和挖掘作品的内涵。在写作教学的时候，能够教会学生正确评价生活，形成独特的思考力量。从这个层面来说，学生需要的不是一名年长的语文教师，而是一名阅历丰富的语文教师。阅读能力的提升，实际上是离不开一个人的阅历的，只有阅读与阅历互动起来，才能充分展示一名教师能力素养的魅力。

　　同时，作为一名高中语文教师，他的阅读方式也是需要讲究的。一般人的非专业阅读，尤其在阅读一些文学作品的时候，多是像欣赏影视作品一样的休闲式阅读。但对语文教师而言，他可以进行休闲式的阅读，但他还必须进行专业式的鉴赏性阅读。所谓鉴赏性阅读就是运用阅读技巧知识对作品进行艺术赏析的阅读，这种阅读不仅要关注文本所表达的思想内容，也要了解文本的表现技巧、语言特色和艺术风格等内容；既要挖掘文字层面之下的内涵，也要品味言语形式背后的用意。有的时候，教师除了阅读文本本身之外，还要对作品的相关评论进行研究，力图全面地把握一部文学作品的艺术概貌。鉴赏性阅读对一名教师而言，是一种专业训练，教师通过阅读鉴赏提高对作品的认识，培养阅读技巧和方法，提升自己的艺术审美能力，为平时的语文课堂教学做素养性的知识能力储备。

　　写作能力也是语文教师的基本能力素养，但现实并不乐观。现今高中语文教师热爱写作的人并不多，愿意去写作的就更少了。不少语文教师从大学出来以后，除了几篇评职称需要的论文以外，就没有写过几篇像样的作品，更谈不上创作了。而有些教师本着对语言文字的热爱，坚持写作，不断发表一些小文章，虽然没有成大气候，却能够对语言文字保持一份良好的情感态度。有一个有趣的现象，在阅读课堂上，对一些不爱写作的教师来说，他们似乎比爱写作的教师更善于讲，而且讲得铿锵有力、气势恢宏，但如果你细心听课，你可以发现言语气势之下，多了几分感性的激情，少了几分语言表达的缜密。而热爱写作的教师在课堂上所展示的往往不是他的声音力度，而是他的理性思想，声音不高但有条理，话语不多但有余思，语言文字的情感与理智就在他的轻描淡写之中，汩汩而出，令人久久回味。

一名语文教师的写作能力对于写作教学尤其重要。一名不爱写作或不善于写作的语文教师教写作，就如同一个不会游泳的教练在教他人游泳一样，他掌握的只是一套方法，它可以说清每一个动作要领和作用，但他无法成为学习者的示范。相反，一名热爱写作的语文教师，他自己对写作有深刻的体会，他不仅能够运用写作知识、依照写作规律进行教学，他还懂得体贴学生写作的艰辛，给学生的习作以更加耐心和细心的指导。有人曾批评当前的高中语文教学没有写作教学，这一说法看似夸张，细思之下，却有几分真切。当下的高中写作教学是语文教学的一个难点，无论是尽职的教师细讲写作方法，还是一些不负责任的教师直接抛题训练，往往都没有取得良好的教学效果，这里除了有教学方法的因素以外，恐怕与教师自身的写作素养不足也有一定的关系。

努力让自己从一名语文教师成长为一个语文教育家，这可以说是语文素养追求的一个标高。但我更想说，一名语文教师首先应该让自己成长为一名合格的语文教师。他可以不是一个诗人或作家，他可以不会诵读艺术或表演艺术，甚至可以没有一手好字，但他必须具备语文教师的基本素养。他不能不知道语文是什么、不能不知道语文的课程目标是什么、不能不知道语文教学的基本方法是什么，他更不能不知道语文教学所需的体系知识是什么。他的语文教学要能够符合语文学习的规律，他的语文教学要能够给予学生引领和示范，他的语文教学要能够为学生的成长负责任。一名语文教师，只有在他实现这一专业素养目标之后，他才有权利去仰望星空，追求成为一个语文教育家的梦想。

# 第三节　高中语文教学规划与确定

## 一、高中语文课程目标的确定

高中语文教学内容的确定，首先要确定的是"高中语文教什么"。

关于高中语文教什么，这是高中语文教学的核心问题。这里涉及两个概念：一是课程目标，即高中语文课程所要实现的总体目标；二是教学内容，即高中语文为了实现教学目标要教什么。课程目标决定教学内容，因而，要弄清"教什么"首先要明确"为何教"。

高中语文课程包含两方面的任务：一是高中语文教育要能够为人的生存和发展服务；二是高中语文教育具体的能力培养目标。依照《普通高中语文课程标准》的课程目标要求，学生通过高中语文必修课程和选修课程的学习，应该在以下五方面获得发展，即积累与整合能力、感受与鉴赏能力、思考与领悟能力、应用与拓展能力、发现与创新能力。课程目标的能力要求是确定高中教学内容的依据，整个教材的编排和所有文本的选择都是为实现培养这些能力目标服务的。换句话说，高中语文教学只有明确了课程培养目标的定位，才有教材教学内容合理准确的确定。

教学目标和教学内容的确定是高中语文教学整体规划的基础，只有教学目标明确了，语文教学才会有正确的方向，只有教学内容确定了，语文教学才会有有效的结果。《普通高中语文课程标准》是教学的纲领性文件，它对课程目标有着明确的要求，是确定语文教学目标和教学内容的依据；语文教材是目前高中语文教学实现课程目标的依托，因此，在确定教学目标和教学内容的时候，既要研究课程目标的总体要求，还要研究教材的内容安排。只有弄清两者之间的照应关系，才能明确语文教学的具体目标与内容。

高中语文课程包括必修课程和选修课程两部分。必修课程包含"阅读与鉴赏""表达与交流"两方面的目标，组成"语文一"至"语文五"五个模块。每个模块都是综合的，体现"阅读与鉴赏""表达与交流"的目标和内容。选修课程设计五个系列：一是诗歌与散文；二是小说与戏剧；三是新闻与传记；四是语言文字应用；五是文化论著研读，每个系列可设计若干模块。

语文教材的内容安排：必修教材包含了"阅读鉴赏""表达交流""梳理探究"和"名著导读"四大部分。"阅读鉴赏"的内容包括古代诗词阅读、文言文阅读、现代诗词阅读、散文阅读、小说阅读、论述类文本阅读（含文学理论）、戏剧阅读、演讲稿阅读、新闻阅读（含通讯）、科普文阅读和报告文学阅读。"表达交流"的内容主要包括记叙文写作、议论文写作、朗诵、演讲、讨论、辩论、访谈等七个部分。"梳理探究"的内容主要包括古代文化常识和语法、语言文字运用、文化寻根、影视文化、走近文学大师、文学作品个性解读等内容。其中语言文字运用包含汉字、对联、新词、修辞、成语、交际语言、逻辑知识等内容。

从《普通高中语文课程标准》课程设计内容上看，必修课程与选修课程在内容上有对应关系，不是彼此孤立的课程。必修课程包含"阅读与鉴赏"和"表达与交流"两大目标，而选修课程中的"诗歌与散文""小说与戏剧""新闻与传记""文化论著研读"等模块都是属于"阅读与鉴赏"的内容，它是培养阅读鉴赏能力的延伸内容。选修课中的"语言文字应用"则属于"表达与交流"的内容，它是培养表达与交流能力的深化内容。从《普通高中语文课程标准》课程设计内容和教材内容的比较上看，教材内容基本上是比较严格地依照课程标准来设计的。"阅读鉴赏""梳理探究"和"名著导读"与《普通高中语文课程标准》中的"阅读与鉴赏"的课程要求对应；"表达交流"与《普通高中语文课程标准》中的"表达与交流"的课程要求对应。厘清了这两层关系，接下来我们要确定的就是高中语文教学的具体知识能力目标。只有具体目标明确了，语文教师才能利用好教材，通过具体的文本教学去实现语文的教学知识能力目标。

必修课程的教学体现的就是高中生语文基础能力培养目标的要求。在"阅读与鉴赏"方面，《普通高中语文课程标准》提出了如下 12 条要求：①在阅读与鉴赏活动中，不断充实精神生活，完善自我人格，提升人生境界，逐步加深对个人与国家、个人与社会、个人与自然关系的思考和认识。②发展独立阅读的能力。从整体上把握文本内容，理清思路，概括要点，理解文本所表达的思想、观点和感情。善于发现问题、提出问题，对文本能做出自己的分析判断，努力从不同的角度和层面进行阐发、评价和质疑。根据语境揣摩语句含义，运用所学的语文知识，帮助理解结构复杂、含义丰富的语句，体会精彩语句的表现力。③注重个性化的阅读，充分调动自己的生活经验和知识积累，在主动积极的思维和情感活动中，获得独特的感受和体验。学习探究性阅读和创造性阅读，发展想象能力、思辨能力和批判能力。④能阅读理论类、实用类、文学类等多种文本。根据不同的阅读目的，针对不同的阅读材料，灵活运用精读、略读、浏览、速读等阅读方法，提高阅读效率。⑤能用普通话流畅地朗读，恰当地表达出文本的思想感情和自己的阅读感受。⑥学习鉴赏中外文学作品，具有积极的鉴赏态度，注重审美体验，陶冶性情，涵养心灵。能感受形象，品味语言，领悟作品的丰富内涵，体会其艺术表现力，有自己的情感体验和思考。努力探索作品中蕴含的民族心理和时代精神，了解人类丰富的社会生活和情感世界。⑦在阅读鉴赏中，了解诗歌、散文、小说、戏剧等文学体裁的基本特征及主要表现手法，了解作品所涉及的有关背景材料，用于分析和理解作品。⑧学习中国古代优秀作品，体会其中蕴含的中华民族精神，为形成一定的传统文化底蕴奠定基础。学习从历史发展的角度理解古代文学的内容价值，从中汲取民族智慧；用现代观念审视作品，评价其积极意义与历史局限。⑨阅读浅易文言文，能借助注释和工具书，理解词句含义，读懂文章内容。了解并梳理常见的文言实词、文言虚词、文言句式的意义或用法，注重在阅读实践中举一反三。诵读古代诗词和文言文，背诵一定数量的名篇。⑩具有广泛的阅读兴趣，努力扩大阅读视野。学会正确、自主地选择阅读材料，读好书，读整本书，丰富自己的精神世界，提高文化品位。课外自读文学名著（五部以上）及其他读物，总量不少于 150 万字。⑪注重合作学习，养成互相切磋的习惯。乐于与他人交流自己的阅读鉴赏心得，展示自己的读书成果。⑫学会灵活使用常用语文工具书，能利用多种媒体搜集和处理信息。

《普通高中语文课程标准》对"阅读与鉴赏"的能力培养要求可谓丰富而全面，这也体现了它作为纲领性文件的必要性。但作为语文教学者，如果不能结合课程标准与教材内容安排这二者的关系理清教学思路，那么就会在众多的教学要求面前显得无所适从。事实上，认真分析这 12 条要求，并加以梳理，就可以使得"阅读与鉴赏"的教学目标清晰起来。

从第①条里，我们可以明确"阅读与鉴赏"的总体教学目标，它是"阅读与鉴赏"教学活动的总纲。

从第④、第⑨、第⑩条里，我们可以明确必修课课内的学习对象是理论类、实用类、文学类等多种文本。具体到教材内容应该就是各种论述类文本阅读，既包括传记、新闻、科普文、报告文学及演讲稿在内的实用类文本阅读，又包括古今中外的诗歌、散文、小说、戏剧在内的文学类文本阅读和浅易文言文阅读。课外的学习对象是五部以上的文学名著及其他课外读物。

从第⑦条里，我们可以明确文学类作品所要掌握的基础任务是了解诗歌、散文、小说、戏剧等文学体裁的基本特征及主要表现手法和了解作品所涉及的有关背景材料，用于分析和理解作品。同理可知，要想阅读理论类文本、实用类文本，也应该掌握这两类文本的基本文体特征和表现手法。至于浅易文言文的阅读，它包含传承文化和文本鉴赏的目标，由于时代所造成的语言差异，文言文阅读的首要任务就是学习文言文的语言，在积累语言的基础上对文本进行阅读鉴赏，其阅读鉴赏的任务和其他文体文本的教学是一样的。

从第②、第③、第⑤、第⑪、第⑫条里，我们可以明确在阅读与鉴赏过程中的一些具体能力培养目标要求。如发展学生的独立阅读能力，让他们学会整体把握文本思想内容的能力，学会发现文本问题和分析判断的能力，学会揣摩语言和品味精彩语句的能力；如教会学生个性化阅读文本，让他们在调动生活经验和知识积累的基础上，通过积极主动的阅读来获得独特的阅读感受和体验，让他们通过探究性阅读和创造性阅读来发展想象能力、思辨能力和批判能力；如培养学生良好的阅读与鉴赏习惯，让他们学会使用语文工具书来辅助阅读，学会诵读文本来体会文本的思想感情，学会合作来分享彼此的阅读鉴赏心得，学会利用多媒体来搜集信息和处理信息。

从第⑥、第⑧条里，我们可以明确鉴赏中外文学作品和学习中国古代优秀作品的目标、方法和意义，可以说是阅读与鉴赏活动的又一个具体的指导内容，这同样可以作为学习其他文体文本的借鉴。

梳理之后，"阅读与鉴赏"的教学要求明确了，简单来说就是总体目标、学习对象、基础任务和能力培养目标四个部分。当语文的教学目标、对象、任务和能力目标确定了，语文的教学目标与教学思路自然也就清晰了。

在"表达与交流"方面，《普通高中语文课程标准》提出了九点要求：①学会多角度地观察生活，丰富生活经历和情感体验，对自然、社会和人生有自己的感受和思考。②能考虑不同的目的要求，以负责的态度陈述自己的看法，表达真情实感，培育科学理性精神。③书面表达要观点明确，内容充实，感情真实健康；思路清晰连贯，能围绕中心选取材料，合理安排结构。在表达实践中发展形象思维和逻辑思维，发展创造性思维。④力求有个性、有创意的表达，根据个人特长和兴趣自主写作。在生活和学习中多方面地积累素材，多想多写，做到有感而发。⑤进一步提高记叙、说明、描写、议论、抒情等基本表达能力，并努力学习运用多种表达方式。能调动自己的语言积累，推敲、锤炼语言，表达力求准确、鲜明、生动。⑥能独立修改自己的文章，结合所学语文知识，多写多改，养成切磋交流的习惯。乐于相互展示和评价写作成果。45分钟能写600字左右的文章。课外练笔不少于2万字。⑦增强人际交往能力，在口语交际中树立自信，尊重他人，说话文明，仪态大方，善于倾听，敏捷应对。⑧注意口语的特点，能根据不同的交际场合和交际目的，恰当地进行表达。借助语调、语气、表情和手势，增强口语交际的效果。⑨学会演讲，做到观点鲜明，材料充分、生动，有说服力和感染力，力求有个性和风度。在讨论或辩论中积极主动地发言，恰当地应对和辩驳。朗诵文学作品，能准确把握作品内容，传达作品的思想内涵和感情倾向，具有一定的感染力。

以上的内容主要可以分为书面表达和口头表达两个部分。第①、②条是"表达与交流"的总体要求，既有方法上的要求，如学会观察、体验、感受和思考，又有态度上的要求，如要具有负责的态度，要表达真情实感，要培养科学理性精神。

第③、第④、第⑤、第⑥条是关于书面表达能力的培养目标、方法与要求。从目标上看，其核心就是写作。从写作的具体能力要求上看，主要包括记叙、说明、描写、议论、抒情等基本表达能力。从目前高中教学实践上看，基本上可以确定为记叙文写作、议论文写作和其他文体写作及其他书面表达。

第⑦、第⑧、第⑨条是关于口头表达能力的培养目标、方法与要求。口头表达主要包括交际表达、演讲表达、讨论与辩论表达和朗诵文学作品。在高中教学实践中，口头表达教学除了一些活动（如演讲活动、辩论活动和诵读活动等）外，更多是与文本阅读教学同时进行的。实际上，阅读教学的文本本身就可能是很好的口头表达材料，或适合于朗诵，或可以引申出话题进行讨论与辩论，或可以形成某个主题进行演讲，二者恰当配合是一件相得益彰的事情。当然，如果口头表达能够采用独立教学和配合文本阅读相结合的方式则更理想，但高中语文教学的课时是有限的，它可能因为课时数的制约而无法实现。

梳理之后，"表达与交流"的教学目标与要求也同样明确了，落实到教学中就是以交际、演讲、讨论、辩论、诵读为主的口头表达能力培养和以各种文体写作为核心的书面表达能力培养。

这里特别要谈谈关于写作问题。长期以来，写作教学都在进行着，但对写作教学重要性的认识有所不足，尤其是在议论文写作方面，曾经走过一段弯路，没有充分发挥议论文写作教学在对学生进行批判性思维能力培养上的作用。在"表达与交流"众多教学目标中，记叙文写作和议论文写作是高中语文教学的重点。记叙文写作教学从小学到初中一直都是写作教学的重点，在高中记叙文写作课堂教学可以少一些，把重心放到议论文教学上。当然，这并不意味着记叙文写作不重要，记叙文写作是一切写作的基础，文学创作首先要求的就是记叙文的写作能力，其重要性是不言而喻的。但基于长期的记叙文教学已经让学生掌握了基本的方法，到了高中，记叙文写作应该是一个创作的阶段。

因此，记叙文教学就不应该依然着眼写作技巧的教学，而是应鼓励热爱写作的学生大胆地进行创作，在追求创作的过程中，完善记叙文写作能力和提升创作能力。对于此前记叙文写作能力存在不足或者没有创作热情的学生，记叙文作文教学可以通过如续写文章结尾，改写情境、思路、体裁等，扩写情境、意境、场景、情节等，仿写句式、写法、结构、思路等方式方法，来提高他们的记叙性语言表达能力。这些作文教学训练能够把学习与生活融合在一起，可以激发他们的表现热情和表达欲望，又能够夯实语言表达基础、提高学生的记叙文写作水平，可以说是一种朴素而有效的写作教学。

如果说高中记叙文写作教学是一种延伸与补足，那么议论文写作则是高中写作教学的新起点。议论文写作教学，它的核心培养目标应当是以逻辑思维和理性思维为前提的批判性思维。《普通高中语文课程标准》在"课程的基本理念"部分明确地提出"社会要求人们思想敏锐，富有探索精神和创新能力，对自然、社会和人生具有更深刻的思考和认识"和"应在继续提高学生观察、感受、分析、判断能力的同时，重点关注学生思考问题的深度和广度"的培养理念。在"高中语文的课程目标"部分，明确提出"养成独立思考、质疑探究的习惯，增强思维的严密性、深刻性和批判性"和"在表达实践中发展形象思维和逻辑思维，发展创造性思维"的课程目标要求。无论是课程理念还是课程目标都强调了独立思考能力和创新能力的培养，而独立思考能力和创新能力的基础就是批判性思维。

长期以来，我们的高中语文教育对思维的培养存在着巨大的不足。在阅读鉴赏教学上，往往偏重于审美追求，而不够重视独立思考能力的培养；在写作教学中，最能体现思考能力的议论文教学陷入了伪思考能力的泥潭，只证明，不证伪，不质疑。再者，我们的议论文写作教学脱离生活，缺乏实事求是的态度，不善于从生活现实思考问题和分析问题，往往就事论事，而导致一叶障目，不见泰山。许多所谓优秀的高考议论文，往往没有说理与分析，只是用几个事例变着样子在反复证明，世间多少复杂的事情到了学生的作文里就变得简单了：因为有人在失败之后取得了成功，于是不论失败会产生什么后果便坚信它是成功的母亲；因为知识能对一个人产生影响，于是不论知识的好坏都荣幸地成为力量的象征；因为相信诚信是大家公认的美德，于是不分敌我地提出了诚信是金的论调。这样的教育不是把人教聪明了，而是把人教傻了。

那么，什么是批判性思维呢？有人是这么定义的，批判性思维是对某种观点、想法、结论进行言之有据的质疑、评估、审验，看其是否正确，辨别正误。不是不假思索地全盘接受，而是积极主动地理性思考，对其进行理解、分析、比较、核对、反思，从而做出思考性的判断。批判性思维能力有两层含义：首先，它是一种基于充分的理性和客观事实来进行理论评估与客观评价的能力，其中包含着质疑、比较、鉴别、判断的过程，即通常所说的独立思考能力。在此意义上，批判性思维能力也是独立人格的基础。其次，它具有创造性和建设性的能力——能对一件事情给出更多可选择的解释，并能运用所获得的新知识来解决社会问题和个人问题。因此，批判性思维能力也是创造力的基础，我们比以往任何时候都更强调培养学生创新能力。事实上，离开了批判性思维能力，创造力便是无本之木、无源之水。

学生的批判性思维不只是一件写作教学的事，而且是一件关系着民族兴衰的大事。或许你可能感受不到，当一个国家的国民接受了批判性思维训练之后会给国家民族带来怎样的影响，但你至少知道曾有一段网络谣言兴风作浪。为什么"秦火火"可以叫嚣"谣言并非止于智者，而是止于下一个谣言"，并且在某种程度上得逞了呢？为什么有人对他的话就相信了，并且在不知不觉中成了推波助澜的帮凶呢？如果我们的民族多一些理性，具备独立思考能力和批判鉴别能力，也许并不能完全消灭网络谣言，但绝不会让网络谣言任意疯狂地肆虐。

培养学生的批判性思维能力是当今世界教育一致的追求目标，也应该是我们高中语文教学的一项重要任务，只有批判性思维能力形成了，才有独立人格的形成，才能够适应社会发展的需要，才能成为一名有思考能力和处理信息能力的公民，才是中华民族未来发展的希望。

## 二、高中语文教学内容的规划

课程目标要求明确了，那么教材的内容是否能够满足课程目标的要求呢？通过课程目标要求与教材内容对照，不难发现，除了前面提到的同一文体的教学文本分散在不同模块里不利于构建完整的文体知识框架之外，还存在着四个突出的问题：一是"阅读与鉴赏"

选文的数量、质量问题和教学重点的问题；二是"表达与交流"教学内容的指导有效性问题；三是"梳理探究"知识内容零散的问题；四是"名著导读"的教学适用性的问题。

以"阅读与鉴赏"选文为例：论述类文本3篇；新闻2篇、科普文4篇、报告文学1篇；文学类文本的古代诗词22首、现代诗词4首、现代散文6篇、小说6篇（古代小说、现代小说和外国小说各2篇）、随笔杂文5篇、戏剧3篇（古代戏剧、现代戏剧和外国戏剧各1篇）、演讲稿3篇（其中2篇为国外作品）、文言文阅读文本17篇。以如此有限的文本篇数，要实现一个个文体教学的目标，再加上同一必修模块中存在各种文体和其他教学内容，"阅读与鉴赏"的教学过程变成了一个不断切换文体内容的教学过程，对某一种文体的教学而言，是一个断断续续的过程。不难想象，如果高中语文教材内容没有进行必要的整合与补充，那么高中语文各种文体的教学必然是浅显而不完整的。如果高中语文教学没有对每一个文体内容进行整体性规划，那么整个高中语文教学过程必然是杂乱和无序的。当然，除了文本数量问题，文本质量也同样需要关注的，教材中所选择的文本是不是都具有一定的代表性？所选的文本能否相对全面覆盖一个文体的知识点？是否能够很好地为实现教学目标服务？因此，在确定"阅读与鉴赏"教学内容的时候，既要考虑文本的数量问题，也要考虑文本的质量问题。

所谓教学重点问题，是指语文教师在面对《普通高中语文课程标准》的种种能力要求，在有限的教学时间里，是无法全面而彻底地实现其目标的，在这种情况下，语文教学就应当有所侧重，有所倾斜。我们许多语文界专家一谈到语文教学的时候，在他们眼中似乎高中生只需要学一科语文，且全中国的高中生必须热爱语文。这种无视时间现实和学生实际的教学理论，看起来都很华美，但就如一个漂亮的氢气球一样，落不到地上，即便落到地上，也早已瘪了。正如人类不能离开现实世界去谈论理想一样，不管高中的语文梦多么绚丽美好，它都必须根植现实大地，只有正视现实的语文教学才是有实践意义的语文教学。高中语文教学必须正视语文教学所能拥有的时间，包含课堂时间和课后时间。有过高中语文教学经验的教师都知道，要在课堂教学中落实好课程标准中每一项能力培养目标，几乎是一件不可能的事。因此，对于"阅读与鉴赏"中的各类文体的教学，就必须区别对待。那么，哪一些内容必须重点学习？哪一些内容可以让学生自学？这也就成为高中语文教学需要确定的一项内容。

从语文素养的培养上看，大千世界，语文知识内容何其多，语文能力种类何其多，学生学习什么知识不是成长？但在这里，需要回答一个问题，学生仅仅就是因为要培养自己的语文素养而学习高中语文吗？不是。更现实的回答应该是：绝大部分学生是为了高考而选择上高中，是为了高考而无可选择地学语文。语文教学如果无视高中生学习语文的这个现实目的，而按照自己的语文理想进行教学，那么高中的语文教学必然是很难为大部分学生所重视的，这样的语文教学同样也是会出问题的。因此，在强调培养学生的语文素养时，还必须重视高中语文学习在高考中的需求。

有限的教学时间，让语文教学必须做出取舍，现实的目的让语文教学必须做出现实的选择。高考的许多能力要求与课程目标并不完全冲突，甚至在很大程度上是相切合的。语文教学的重点放在哪里？很显然，就是课程目标的能力培养要求与高考能力考查要求重叠的部分。把高考的能力要求和阅读鉴赏教学的目标有机地结合起来，这可以说是一种对学生负责任的做法，也是对阅读鉴赏教学重点内容的一个合理的确定。

至于后面三个问题，主要是教材编写存在不足或者缺乏教学针对性的问题。

"表达与交流"部分虽然关照到各种写作表达能力，并重点突出了记叙文与议论文写作能力的培养，但从教材的编写情况来看，一是写作指导内容还是略显单薄，缺乏一些更具借鉴意义的范文，一些基础写作技法指导不够清晰，议论文的写作指导还存在偏向论证思维指导而不是分析说理指导，学生很难直接通过学习教材内容而获得基本写作能力。这里也体现出了教材不太重视为学生的"学"服务的缺点，即便是服务于教师的"教"，这样的内容也是不到位的。和"阅读与鉴赏"的教学内容一样，教师在进行课堂教学时，还必须对教材进行一番创作，才能形成有效的教案。我们并不反对教师对教材的再创作，但好的教材应该是可以让教师明确基本教学目标和基本教学方法的，能够让学生通过自学而获取相应的知识。

"梳理探究"部分虽然内容丰富多彩，但缺乏体系性。语文教材所选的内容是不错的，都是一些让学生有兴趣阅读的内容，但这些内容似乎只是教材的一种点缀，对学生的学习帮助不大，起不到良好的教学效果。至于它的编排顺序，甚至让人感觉是出于编者的喜好而做出的选择。知识板块的跳跃性是语文教材的一大特色，前面的"阅读与鉴赏"部分的内容编排也是如此，它成了教师教学和学生学习的硬伤。教材内容有趣活泼、吸引读者固然重要，但教材有其自身的功能和使命，那就是要为学生的学习服务，合理的教材编排更有助于学生学习。如果能把有关文言文的知识内容和文学常识放在必修一中用以指导学生自读文言文；如果能把标点、语法、修辞、思维方式和作品个性解读等内容放在必修二中用以指导学生的阅读和写作；如果能把寻根文化、影视文化和走近文学大师等内容放在必修三中用以拓宽学生的视野；如果能把美学知识、逻辑知识、心理学知识和文艺理论知识等内容放在必修四中用以提升学生的语文素养；如果能把汉字、词语、成语、对联、交际语言运用、语言形式转换等内容放在必修五中用以配合高考考点知识的学习，那么对学生的帮助是不是更有针对性和有效性呢？当然，以上是一些浅见，真正想说的，还是那句话，能有效帮助学生学习的教材才是最好的教材，这也是确定教材内容的依据。

"名著导读"部分的内容过于单薄。所谓导读，不应该只是一个内容梗概式的介绍，而应该是能引起学生的阅读兴趣和教给学生一定的阅读方法，在这一点上，语文教材还做得不够。我们的教材若能从这些讲座内容中选取一些篇章来作为名著的导读内容，其所产生的作用绝对强于单纯的故事梗概。各省市高考对于名著考查内容要求不太一致，基于考试的现实性，教师在教学时对于教材中的导读内容应该有所取舍和补充，优先考虑与高考有关的名著导读内容。总之，名著导读，不仅要做到导读内容的确定，还要做到导读篇目的确定。

总而言之，一本好教材必须有利于学生的"学"和教师的"教"。为学生的"学"服务应该是首位的，它要求在教材中有明确的学习目标和有品质保证的学习内容，同时还要提供行之有效的学习方法和思路，其目标就是能够让学生自行学习。教材还要能很好地服务于教师的"教"，教材从某种意义上说是一本带有规范性教学和学习的材料，如果教材编写的目标不明确，完全要靠教师的自我发挥进行二度开发，这样的教学结果是一件很值得怀疑的事情。

我们无法改变当下教材编排内容的现状，但我们必须确定高中语文教学的内容。面对语文教材存在文体知识缺乏系统性与针对性和内容单薄、数量偏少、实效不强等问题，我们必须做出整体性的教学规划与教学内容的确定。说到教材的整体性规划，就必须谈及如何利用选修教材的问题。

对于选修教材的定位，《普通高中语文课程标准》有以下表述：高中语文课程应遵循共同基础与多样选择相统一的原则，精选学习内容，变革学习方式，使全体学生都获得必需的语文素养；同时，必须顾及学生在原有基础、自我发展方向和学习需求等方面的差异，激发学生的兴趣和潜能，增强课程的选择性，为每一个学生创设更好的学习条件和更广阔的成长空间，促进学生特长和个性的发展。高中语文课程必须体现时代性、基础性和选择性，既要在义务教育的基础上，使学生的语文素养普遍获得进一步的提高，同时也要为具有不同需求的学生提供更大的发展空间。因此，需要建设一个新的高中语文课程结构体系和实施机制。选修课程也应该体现基础性，但更应该致力于让学生有选择地学习，促进学生有个性地发展。高中语文选修课程设计五个系列：诗歌与散文、小说与戏剧、新闻与传记、语言文字应用、文化论著研读。

所谓选修，是指学生从指定可以自由选择的科目中，选定自己要学习的科目。如果说必修的主导价值在于培养和发展学生的共性，使学生获得基本的语文知识能力，为进一步学习语文打下基础，那么选修的主导价值在于满足学生的个体兴趣、爱好，给予学生选择学习的机会，为培养和发展学生的个性做铺垫。必修课程突出了语文教学的基础性，选修课程则体现了基础课程的升华；必修课程代表全体高中学生的共性追求，选修课程代表学生个体的个性发展。可以说，选修课程的价值在《普通高中语文课程标准》中的表述十分清晰的，这也正是开设选修课的真正价值意义所在。

构建必修与选修相结合的高中语文课程体系，本来应该是高中语文课程改革的一项重大而有意义的成果。可是，课程改革已经过去了多年，当前高中语文教学的选修课程是一个什么状况呢？

以现实的语文教学情况来说，各个学校语文教学都有开设选修课程，却很少有学校是出于满足学生的兴趣爱好和个性发展需要去开选修课。开设选修课的依据是什么？毫无疑问，一定是高考的考查内容。在语文教材提供的15个模块内容中，比较受人重视的是"中国古代诗歌散文欣赏""中外传记作品选读""文章写作与修改""新闻阅读与实践""语言文字应用"等模块内容，至于"中外戏剧名作欣赏""外国诗歌散文欣赏""演讲与辩论""中国民俗文化"等模块内容，恐怕少有学校问津。为什么会这样？原因很简单，一方面是因为必修课程的教学过程非常匆忙，每一个文体或专题的教学文本数量和教学时间都是非常有限的，但各种文体和专题所组合起来的内容却有五本的教材，并且要求在高二上学期的前半学期之前要全部完成这些内容的教学。在教学过程中，教师和学生基本上是用"跑步"的节奏行进的。这样，对于每个文体教学和专题教学都是匆匆而过，很难做到比较完整和深入。在这种情况下，选修课程教学优先考虑的是如何来补强前面各类文体或专题的学习，而不是考虑如何发展学生的兴趣爱好，如选择"中国古代诗歌散文欣赏"和"文章写作与修改"就是出于这种目的；另一方面则是出于迎合高考考点的知识能力要求的需要。在必修教材里，传记类和新闻类的教学内容太少，只好通过选修课程来补足相应的教学，如"中外传记作品选读"和"新闻阅读与实践"就是出于这种目的。从这个意义上来说，选修课程已经不再是选修课程，只是必修课程的补足而已。当选修课程变成了改头换面的必修课程，而一切都围绕着高考目标在转的时候，选修课程开设的原始积极意义还剩几何？

一方面是必修课程的基础没有夯实，学生连个借以提升自我的扎实平台也没有；另一方面是选修课程失去了自己应有的个性，沦为必修课程与高考的附庸，这样的尴尬就真实地存在于我们高中语文教学之中。必须提出的是，这尴尬背后还有更耐人寻味的东西。长期以来，语文与其他学科在课外时间的争夺上一直是处于劣势的现实。在这样的时间夹缝中，我们的语文教学却因为必修课程缺乏整体规划和跳跃式教学的特点，又大大地降低了学习效率，这对一门需要用时间来积累与沉淀的人文学科而言，简直是一件雪上加霜的事情。有些必修课程的知识点或许通过选修课程得到了补强，而有些必修课程的知识点没有选修课程的配合怎么办？或许只能坐等高考复习，不，只能算是高三再学习。缺乏整体规划和内容确定的语文教学，产生的是可怕的教学内耗，这样的教学会有多大的作为？

因此，与其在不合理的教学模式中消耗教学效率，还不如通过教学模块的重新规划和教学内容的重新确定来实现教学困境的突破。

有人也许会担心这样做不符合规矩，这一点大可不必担心。必修课程五个模块的学习可在高一至高二两个学期半的时间里循序渐进地完成，也可以根据需要灵活安排。学校应按照各个系列的课程目标，根据本校的课程资源和学生的需求，有选择地设计模块，开设选修课。对于模块的内容组合以及模块与模块之间的顺序编排，各学校可以根据实际情况灵活实施。课程的具体名称可由学校自定。

以上内容明确地指出了教学安排是可以根据需要来制定的。当目前的语文课程教学安排存在问题了，我们就有理由去寻找更合理的安排方式。下面，就如何结合必修课程与选修课程的内容重新确定教学安排谈谈看法。

基于课程目标，高中语文教学应以文体或专题板块教学为主，以文体或专题之间的交互教学为辅。所谓文体或专题板块教学，是指把同一文体的教学内容整合在一起，形成一个相对完整的知识体系，进行一个比较完整的过程性教学，如小说文体阅读、散文文体阅读、诗歌文体阅读、戏剧文体阅读、传记文体阅读、新闻文体阅读、科普文体阅读、报告文学文体阅读、演讲专题阅读、写作专题教学等。只有以文体或专题教学为主，才能使得某个文体或专题教学做到相对系统和全面，这有助于建构某个专题的知识框架和培养相应的"阅读与鉴赏"或"表达与交流"能力。所谓文体或专题之间的交互教学，主要是针对古诗文阅读教学和写作教学而言，古诗文教学是比较特殊的，一方面，其语言不如白话文容易理解，学习它需要一个相对长的过程；另一方面，除了有兴趣的学生，绝大部分的学生不会也不愿积极主动去读古代文学作品。因此，古诗文阅读既需要和其他文体一样进行专题教学，以引导学生掌握自学的方法，又需要通过长期的阅读与积淀来提升自身的素养，这样，它的教学课程可能会贯穿整个高中语文教学的大部分时间，它与其他专题的教学也就形成了一种交互状态。

写作教学也是如此，写作教学是和阅读教学并重的学习内容，也是很有挑战难度的学习内容，培养写作能力的重要性是不言而喻的。从现实层面讲，它占据了高考语文分数的半壁江山，成为决定高考语文成败的重要部分。从价值层面讲，写作不仅服务于生活，它更是生命成长中不可或缺的部分，它不仅是一个人文字表达能力的呈现，更是一种高级思维能力的开发与训练。写作的每一个动作里都包含了思考，一个人的理性思维并不是在单纯的思考中完成的，而是必须在写作过程中通过发现、怀疑、求证、分析、批判、辩证等一系列复杂的经历来实现的。轻视写作，实际上是轻视自己的灵魂。这么重要的学习内容，在高中阶段怎么下功夫都不为过，所以，它的学习也不是阶段性的学习，而是贯穿整个高中全过程的学习。

语文素养的培养并不是只靠语文的课堂教学完成，更重要的是需要广泛的课外阅读、思考和领悟。语文课堂教学只是培养语文素养和学生个性发展的起点，它教给学生的是一些基础性的知识，培养的也是基本的语文能力。如果必修课程无法夯实基本知识，无法培养基本能力，那么培养学生的语文素养和个性发展也就无从谈起。面对必修课程难达目标、选修课程丧失个性的教学现状，与其在通过必修课程培养学生的基本能力和通过选修课程促进学生的个性发展之间苦苦纠结，还不如通过整合必修与选修课程的内容，把培养学生的语文基础能力作为教学的首要目标，既让学生在踏实的语文学习中寻找到自己的兴趣点，并走上个性发展的道路，也可以为学生课外或日后的语文学习和迎接高考的考查打下坚实的基础。

总的来说，高中语文教学不能凌乱，不要随意切割。大到整体，中到一个文体、一个单元，小到一个文本，每一项教学内容和教学目标都要做到明确，只有这样才不会发生在教学中重复或遗漏的情况，教学的效率才能得以保证，学生的语文素养和能力目标才能得以达成。

# 第二章 高中语文教学方法与思维创新

## 第一节 语文教学方法的基本理论

### 一、语文教学方法的基本原理

首先要了解语文教学方法的内涵、特征和分类，明确优化语文教学方法的标准和要求。

#### （一）语文教学方法的内涵

方法是一个多视角的复合体。从哲学的视角考察，它是人类认识世界和改造世界的方式和手段，人们称之为方法论。从心理学的视角考察，它是人类自主控制的行为程序。

方法实质上就是一定对象运动规律的规定性和活动模式，它在一定的范畴内规范着人们的行为方式。

语文教学方法具有多层次的内涵。从宏观、广义、整体来看，它是概指实现语文教学目的所采用的教材编排、教学过程、教学原则、教学形式、教学设施、教学技术等一切方面。人们平常泛指的"改进语文教学方法"，实际上多指"语文教学方法论"。从微观、狭义、局部来看，它是师生为达到语文教学目的而进行的相互联系活动的形式，也就是独立的、具体的语文教学方法，是教法和学法的统一。我们这里所说的语文教学方法是狭义的，为了完成教学任务所使用的工作方法，它包括教师教的方法和学生学的方法。

#### （二）语文教学方法的特征

语文教学方法不是一种孤立的现象，而要受到多种教学因素的制约；语文教学方法也不是一种单一的模式，而是多姿多彩、变化多端的；语文教学方法更不是凭空产生、一成不变的，而是发展变化、推陈出新的。正确认识语文教学方法的基本特征，认识它的整体功能，是选择运用和创新语文教学方法的基础和前提。也就是说，无论是选择运用，还是创新，都必须充分考察语文教学方法在语文教学整体坐标系中的位置和功能，它与各种教学因素、教学环节以及方法与方法之间相互联系、相互作用、相互影响，进行教法结构的整体设计，提高语文教学的实际效益。

语文教学方法的基本特征可概括为以下三方面：

### 1. 语文教学方法具有依存性和变通性

依存性就是语文教学方法要受各种语文教学因素制约。首先，教学思想统率教学方法，教学方法是教学思想的直接体现。教师设计某种教学方法，总是有意或无意、自觉或不自觉地受一定教学思想的支配，完全不受任何教学思想支配的教学方法是不存在的。主张"学生为主体，教师为主导"的教师，注重"导读"，尽量设计各种有利于调动学生主体意识的讲、读、议、练、看的教学方法。因此，从这个意义上来说，语文教学方法的创新，归根结底是教学思想的创新。其次，教学目的决定教学方法，教学方法为教学目的服务。如果以传授知识为教学目的，则主要可以采用讲授法；如果既要传授知识，又要培养能力，则必须讲练结合。此外，语文教学方法还要受到语文学科性质、语文教学内容以及学生年龄和心理特征等多种因素的制约。所以说，语文教学方法具有较强的依存性，不能主观随意地盲目设计和使用。与此同时，语文教学方法又具有较大的变通性。它的依存性并不能限制它的灵活变通。不同的情态可能采用相同的方法，相同的情态也可以运用不同的方法。比如，各类文体教学都可以采用讲练结合的教法。又如，传授知识，既可讲授，也可讲读议多种方法综合运用，即使是只用讲的方法，也有用启发式还是用注入式的高下优劣之分。这种变通性就是"弹性"。语文教学方法的"弹性"特征，说明"教无定法"，要求教师设计和运用时采取相应的灵活态度，不拘一格，学会变通，善于权变。

### 2. 语文教学方法具有多样性和综合性

语文学科性质的综合性，语文教学内容的丰富性，语文教学过程中师生相互联系活动形式的多样性，以及语文教学方法自身的变通性，决定了语文教学方法具有多样性。比如，语文学科内涵丰富多彩，语文教学方法也就绚丽多姿。识字、释词、析句、习篇可有多种教法，语法、修辞、逻辑、文学知识可有多种学法；听、说、读、写各种能力，各有各的训练方法。记叙、说明、议论、应用各类文章，各有各的讲法、读法和写法。而多样化的教学方法的交织使用，势必形成语文教学方法的综合性。实践证明，任何一种教学方法都有它的长处和优越性，也有它的短处和周限性，叫作"尺有所短，寸有所长"；哪怕是再好的教学方法也不是"万应灵丹"，包治百病；各种教学方法各有其长，各得其用。因此，语文教学中决不能只使用某一种具体方法。比如一堂新授课，光讲不行，还要读，可能还要议和练；即使是讲，也不能只用讲述法，还要交错运用讲解法、讲析法乃至于串讲法、评点法等。所以，在语文教学中，以某种方法为主、其他方法为辅、多种教学方法交错使用的情况是常见的，这也是语文教学方法综合性的特点所决定的。

### 3. 语文教学方法具有继承性和创造性

举一反三的启发式教学法构想，至今仍然具有强大的生命力。至于吟诵涵咏、口诵心惟、熟读精思、旁推交通之类传统教法，已经影响了并且继续影响着我国一代又一代语文教学。由此可见，语文教学方法既不是从天上掉下来的，也不是人们的头脑里所固有的，而是从历史的沃土中生长出来的。历史是无法割断的。试想，谁能够在现代语文教学中完全排除古人和前人创造出来的教学方法呢？语文教学方法具有历史继承性，这是不言而喻的。

但是继承传统绝不等于故步自封。任何事物都在不断地发展变化，停止发展也就会丧失生命力，语文教学方法同样如此，总要在继承的基础上创新。仅以阅读教学方法为例，从古到今、从传统教法到现代教法，它就经历了"串讲法、诵读法、评点法、讲读法、分析法、谈话法、精讲多练、读书先导法"这样一条发展轨迹，不断发展变化，推陈出新。

这种"出新"包含三个层次：一是新的组合，即将现有的具体单个的教学方法经过科学的排列组合，形成一种新的教学方法；二是新的引进，即从他地移植一些先进教法，结合本地教学实际，进行消化、推广；三是新的创造，也就是总结自己和他人的丰富教学经验，遵照教育教学原理，结合实际，别出心裁地设计创造出一种新的教学方法来。教学方法的设计和使用，既是一种技术，更是一种艺术，特别需要避短扬长，推陈出新，发挥创造性。

概括地讲，上述语文教学方法的三大特征，体现了语文教学方法本身的三对辩证关系。正确地处理好这三组对立统一的矛盾，就可以整体把握语文教学方法的本质。

## （三）语文教学方法的分类

教学方法的分类是多视角、多层次的。

对语文教学方法的分类，既要借鉴普通教学方法分类法的原理，又要依据语文学科教学自身的特点，还要顾及语文教学方法的历史和现状，集中起来，就是要确立一个能够反映语文学科特点、便于区分的划分标准。这个标准，可以由以下四方面组成：第一，从教学论来看，语文教学方法作为一种教学手段，它主要采用的活动形式；第二，从信息论来看，作为一种传递信息的通道（信道），它主要凭借的传递媒介（传媒）；第三，从生理学来看，作为一种外部刺激，它主要作用于生理感官；第四，从心理学来看，作为一种心理调节方式，它主要调节于心理机能。根据这种划分标准，语文教学方法可以分为四类。

第一类，运用语言的方法，包括讲述法、讲解法、评析法、串讲法、评点法、谈话法、问答法、商议法、讨论法、默读法、朗读法、背诵法、吟诵法、复述法等。它主要采用讲、议、读的活动形式，凭借语言符号这种传媒，刺激人的言语器官，主要促进学生的记忆和理解。

第二类，直观感知的方法，包括观察法、观摩法、参观法、演示法等。它主要采用看和听的活动形式，凭借模型、实物和图像等媒介，刺激人的感觉器官，主要强化学生的感知。

第三类，实际操作的方法，包括提纲法、抄摘法、作业法、作文法等。它主要采用动手做的活动形式，凭借人的脚体、躯干等传媒，刺激人的效应（运动）器官，主要训练学生对知识的应用技能。

第四类，综合交错的方法，比如板书图示法、讲练结合法、读写结合法等。它采用多种（两种或两种以上）活动形式，凭借多种传媒，刺激多种生理感官，多方面调节学生的心理机能，发挥多种语文教学效应。

## （四）语文教学方法的优化

谈到语文教学方法，必然论及语文教学方法的优化。教学方法最优化的基本办法，是既能提高教学质量，又能节省时间和精力的那些做法。对教师的教来说，是选择能有效地解决相应任务的组织学习、刺激学习和检查学习的方法和手段；对学生的学来说，是如何在学习中合理地自我组织、自我砥砺、自我检查。语文教学方法究竟如何优化？近年来，我国语文教育专家学者对此进行了专门研究，推出了一套套方案，亮出了一个个标准。比如，有的认为，语文教学方法的优化应包括以下四项内容：一是提高教学方法创新的自觉性；二是加强教学方法研究的科学性；三是注意教学方法运用的灵活性；四是提倡教学方法的多样化。有的则提出了教学方法是否优化的四条标准：一看时间效应，即运用这种教学方法，时间上是否经济；二看质量效应，即运用这种教学方法，质量上是否能够保证；三看心理效应，即运用这种教学方法，是否符合学生心理发展过程；四看社会效应，即运用这种教学方法，社会效果是否好。所有这些观点和主张都能给人以启迪，具有理论价值和现实意义。

语文教学方法的优化，对语文教师来说，应当努力做到：科学选用，巧妙组合，刻意出新，自成体系。这四句话，既是四项教学要求，也是依次递进、逐步上升的四个发展阶段、四种教学境界。

科学选用是基础，也是优化教学方法的基本要求。选择运用教学方法，必须依据正确的教学思想、既定的教学目的、学科的性质、教学的内容、学生的特点及教学环境的状况，并且做到课时少而效果好，尽量提高单位时间的教学效益。概括地说，就是必须符合语文教学的规律和教学过程最优化的原理。这是科学性的要求。

巧妙组合讲变化，在科学性的基础上讲究灵活性，能够将不同的方法巧妙地排列组合，使之更好地为完成教学任务、提高教学质量服务。

刻意出新求发展，对原有的、常规的教学方法进行分析评价，汰选扬弃，通过引进改造和更新换代，创造出新颖的教学方法来。

自成体系日臻完善，要求语文教师在长期的教学实践和艰苦的教改探索过程中逐步形成一套自己的教学方法体系。事实上，每名教师在毕生的教学实践中都可能形成一套自己习用的教学方法，问题是这套方法能否成为完善的体系。而体系的完善性，就是科学性、灵活性和创造性的总和。

## 二、语文教学方法的基本形式

语文教学是建构起常规教学方法系统。这个常规语文教学方法系统，主要是由讲授、诵读、议论、练习、观察五大类几十种具体教学方法构成。

### （一）讲授法

讲，是语文教学最基本的方法，既是传统的，又是现代的。

所谓启发式，是教学用的一个术语，指的就是采取这种启发的办法进行教学，来代替完完全全地由教师来讲，学生完完全全被动地来听的这种方式。可是我们万万不能从这里得出来教师不能讲，教师一讲，或者教师讲得多一些，就是满堂灌了，不能得出这样一个结论。教师就是要讲，得会讲，得善于讲，得讲得好，讲不等于灌。教师的言语是一种什么也代替不了的影响学生心灵的工具。所以说，讲授的方法在语文教学中占有重要的甚至是首要的地位。

语文教学的讲授法是一个大的门类，包含下述主要的具体教学方法：

#### 1. 讲述法

关键在"还"，教师采用叙述和说明的方式来讲授语文知识。它以班级学生为对象，充分发挥教师的主导作用，在较短的时间内集中传授密集的书本知识，保证知识传授的系统性、完整性和深刻性。一般用来介绍作者和时代背景以及叙述课文内容，描摹情境气氛，阐发中心思想，总结写作特点等。

它纵贯教学全过程，横穿各类文体教学，是各种教学方法中使用频率较高的一种方法。教师要吃透教材，掌握精髓，把最能体现内在规律性的知识教给学生，做到"少而精"；突出重点，突破难点，围绕教学目的，集中讲述必要的知识，不致旁逸斜出，横生枝节；要语言精练，讲述生动，尽量运用语言直观以及表情、手势等体态吸引学生，感染学生；要启发诱导，双边协同，充分调动学生感知、思维等多种心理机能，把教师讲述和学生讲述结合起来。

### 2. 讲解法

关键是"解"，教师采用解说和诠释的方式来讲授语文知识。这是一种释疑解惑、点到为止的教学方法。主要用于解释字词，解说概念史实典故，诠释名物典章制度等。运用讲解法，要保证准确性，有根有据；要具有明晰性，解说清楚，表述中肯，不能模棱两可，含糊不清；要富于针对性，哪些要解说，哪些是诠释，事先心中有底，课上有的放矢，解学生之所惑，释学生之所疑，讲学生之所需。

讲述法和讲解法都是讲授法，实际教学中，要彼此配合，相互作用。

### 3. 评析法

教师采用评价、分析的方式来讲授语文知识。主要用来剖析课文内容、评论写作特点、讲评作业等。教师运用理论思维对语文教学内容进行判断、推理、分析、综合、归纳、演绎，从而引导学生加深领会，提高认识，由初步感知教材到深入理解知识。采用评析法，既要精当，有的放矢，切中肯綮，要言不烦，一语破的，又要实在，有感而发，言之有物。

### 4. 串讲法

串讲法是一种古文教法 适用于某些艰深语体文的教学。它依照篇章结构顺序，逐段逐层乃至于逐句逐字地重点讲解，串通文意。串，就是贯串、连接，用以疏通语句文意；讲，就是解字释词。串讲的步骤一般是读—讲—串。读一段（句），讲一段（句），然后贯通文意。串讲法适用于教学内容深奥，文字艰深的课文，特别适用于文言文教学。运用串讲法，并非每字每句都要详加讲解，而应突出重点、难点。重点一般指思想内容或写作技巧方面在全篇中处于关键地位或者是有特点的句段。难点可以是没有注释而又难于理解的，或读了课文注释仍难理解的，或可能有歧义、有多种解释的字词句段，或涉及社会历史背景和名物典章制度的内容，或表述含蓄深奥甚至晦涩难懂的地方。

### 5. 评点法

评点法也是一种古文教法。评，指品评；点，指圈点。评点就是对文章写作方法和思想内容加以品评圈点，指出其突出之处。比如，指点炼字遣词的精当，品评修辞表达的巧妙，赞赏立意谋篇的奇特等，有时也对重点字词或关键词语做些注解。古人读书评点重在圈点，并各自设计了圈点标记办法；今人阅读评点重在品评。评点时一般是逐句评点，逐段小结。运用评点法，要言不烦，明白准确；注重写法，兼及内容；抓住关键，设问质疑。

## （二）诵读法

诵读法就是通过反复诵读，疏通文字，体会感情，理解内容，同时培养语感，积累语言材料，训练读书技巧，增强语言的感受力和记忆力，提高语文素养。诵读包括朗读、背诵、吟诵等具体教学方法。

朗读就是把书面语言转化为响亮的口头语言。这是一种眼、口、耳、脑等多种生理机能共同参与、协调动作的阅读。它能增强语感，训练语音，再现课文情境，加深课文理解，培养学生的记忆力、语言感受力和口头表达能力。朗读的要求：一是准确，做到语音正确，语句完整，句读分明，停顿合理，不哼读，不唱读，不拖泥带水读，须要读得字字响亮，不可误二字，不可少一字，不可多一字，不可倒一字，不可牵强暗记，只要多诵遍数，自然上口，久远不忘。二是流畅，读得连贯流利，恰当把握语调和语气，体现抑扬顿挫、轻重缓急。三是传神，也就是有感情地读，熟练地运用语音和表情，表达出文章的风格神采。

语文教学应当从根本上改变不好好读书的局面，要运用多种方式进行朗读教学。首先，要加强教师的范读（或播放优美录音）为学生树立样板，并以此为手段，帮助学生深入体会课文的情感意蕴，增强教学效果。其次，要交替使用散读（自由读）、个读、引读、跟读、伴读、轮读、对读、指名读、分角色读、表演性读等方式，经常性地进行专门指导，授之以法，从严训练，形成敢于和乐于高声且有感情地朗读的风气和习惯，使学生真正学会读书。

背诵法凭借记忆念出读过的文章词句，在理解的基础上熟读而成。背诵有助于积累丰富的语言材料，模仿名家名篇行文说话，提高语文素养；背诵还是语文教学中的一种"记忆力体操"，长期适度训练，可以强化并开发学生的记忆力。但是不能把死记硬背和背诵法简单地等同起来。

运用背诵法教学必须注意：一要坚持数量要求，每个学期必须要求学生背诵一定数量的诗文选段。二要精选背诵材料，所背诗文，或是名家名篇，或是典范段落和精彩片段。三要加强方法指导，提示所背文章脉络或关键词语，作为记忆的"支点"，帮助学生较快理解所背内容。

吟诵法是一种古老的诵读方法。它用唱歌似的声调来诵读作品，以声入情，因声求义，以此感受作品的思想内容和韵味情调。包括两种方式：一种是按一定曲调唱，又叫吟唱、吟咏、吟哦、吟讽，适用于律诗、绝句、词、赋等抒情性强的古典文学作品；另一种曲调感不强，诵读成分较多，听起来朗朗上口，连贯流畅，又叫吟读、朗吟、讽诵，适用于读长篇歌行体诗、古代散文中叙事性强的文学作品。运用吟诵法，既要深刻把握作品意境，使吟唱腔调与作品内涵协调一致，又要掌握一些吟诵的基本技巧。

## （三）议论法

议，是语文教学基本方法之一，是通过师生之间回答问题或者展开讨论来完成语文教学任务的教学方法。

议论法以问、答、议、论为主要表现形式，使学生有较多的质疑问难、发表见解的机会，有利于激发学生的学习热情，发挥其主观能动性，促进和发展他们的积极思维，养成敏捷思考、迅速作答的习惯和能力，同时有利于提高口头语言表达能力。议论法主要包括谈话、讨论等具体方法。

谈话法也叫"提问法"。由教师提出一些问题，引导学生积极思考，得出正确答案。这种教师提问、学生作答的对讲形式，就像日常生活中的谈话，故称谈话法。谈话的过程实际上就是启发学生分析问题、解决问题的过程。

有效地运用谈话法，关键在于教师如何设计提问和组织问答。一是注重谈话设计的整体性。对于提问、作答要做通盘思考，整体设计，不要零打碎敲，使教学失去系统性和条理性。二是注重谈话设计的启发性。设计提问要有利于开阔学生思路，引导他们积极思维。既不过浅过易，保持一定的思维力度，又要让学生"跳起来摘果子"，通过努力可以达到目标，同时还要顾及全班，所提问题难易搭配，使各种水平层次的学生都有答问的机会和能力，用以调动全体学生的学习热情。三是注重谈话设计的艺术性。要善于设疑、引趣，巧于曲问、点拨，还要注意教态和蔼亲切，坚持诱导激励，营造一个融洽生动的谈话氛围。谈话法的最大特点，就是充分发动学生既质疑问难又释疑解惑，便于充分发挥学生的学习主体作用。教师必须真正吃透教材，牢牢把握教学重点，精心设计教学步骤，善于驾驭课堂，做到活而不乱，游刃有余。

讨论法也称课堂讨论法、问题讨论法。在教师精心运作下，以集体（小组或全班）的组织形式，围绕某一教学要点或专题，展开议论甚至争辩，从而获得知识、开发智力的一种教学方法。

讨论法的形式多种多样。从组织形式分，有同桌对话、小组活动、全班讨论等。从讨论内容分，则有质疑问难，可用于文字艰涩、内涵深邃作品的释疑解难；心得交流，适用于课内外读写心得交流；专题评述，多用于评述文学作品，也可用于评析同学作文，进行作文集体讲评、问题辩论等。

运用讨论法，必须注意：一要充分准备，选好论题，明确要求，妥善安排，指导学生做好参阅资料、起草发言提纲等项准备工作；二要严密组织，加强宏观调控，引导学生踊跃发表意见，围绕中心进行；三要认真总结，从中得到提高，收到实效，不能虎头蛇尾，有始无终。

## （四）练习法

练，也是语文教学的基本方法。这是教师指导学生反复训练、将知识转化为技能的一种教学方法。练习法的最大功能就是使学生运用学过的知识，投入听说读写的各项实践，促使知识迁移，形成必要的语文技能和熟练技巧。

练习的方式方法很多，既有课堂练习，又有课外作业；既有单项训练，又有综合训练；既有书面作业，又有口头练习。练习主要有复述、提纲、抄摘、作业等。

### 1. 复述法

复述法是以课文为依据，根据理解和回忆，用自己的语言叙述课文内容的练习方法。能够促使学生熟悉课文，理解课文，锻炼和培养理解、记忆、概括、想象和口头表达等多种能力。复述方式很多：简要复述，以简明的语言，扼要叙述主要内容，一般用于检查预习或复述长篇课文，可以训练学生的概括能力；详细复述，包括复述课文基本内容和重要词句，多用于低年级或短文教学；摘要复述，摘取课文中的重点部分或精彩段落等，复述可详可略；创造性复述，以原文为依托，展开合理想象，进行必要的创造性描述。运用复述法，应当指导学生恰当地运用课文中的语言和自己的语言，正确而有选择地表述课文内容。复述前要明确要求，让学生准备充分；复述中要启发鼓励，使学生正常发挥；复述后要总结讲评。

### 2. 提纲法

提纲法是用准确、简明的语言扼要概括课文内容并揭示其内在联系的教学方法。可以帮助学生深入理解课文，受到语言和逻辑思维能力的训练。编列提纲类型繁多：从内容分，有段落结构提纲、情节线索提纲、人物描写（或评价）提纲、景物（环境）描写提纲、论点论据提纲、说明顺序提纲等；从形式分，有条文式提纲、表解式提纲、表格式提纲、图示式提纲、词句辑录式提纲、综合式提纲等；从范围分，有全篇提纲、段落提纲、片段提纲等；从作用分，有预习提纲、分析提纲、板书提纲、练习提纲等；从繁简分，有详细提纲、简单提纲。编列提纲的步骤是：首先，将课文内容划分段落层次；其次，用简明扼要的词语概括每个段落层次的内容；最后，按照一定的逻辑顺序，将这些概括性词语正确地排列组合起来。提纲可以师生共同编列，也可由学生单独编拟；可在课内讲习、练习时结合教读进行，也可在课内外自读时进行，还可作为课外预习、复习的作业安排。

### 3. 抄摘法

抄摘法，也叫摘记、摘抄，是有选择而又扼要地抄写摘录的一种练习。抄摘实际上就是抄读。抄读就是边抄边读。前人治学，重视抄读，他们认为抄读的益处不仅在于积累资料，而且还有促进注意和强化记忆的效果。抄摘种类也有很多，从范围分，有全文（多是短篇）抄录、片段摘要、语句摘抄、词语抄写等；从内容分，有精美诗文抄录、优美描写摘要、名言警句摘抄、重要词语抄写；从形式分，有课堂笔记、课后作业、课外读书笔记等。指导学生运用抄摘法，一要养成随手抄摘、工整书写的习惯；二要多读多抄、边抄摘边思考；三是组织全班性抄摘活动，如由学生在黑板上开辟"名言角""每日一句"等专栏，举行班级抄摘比赛等；四是要求学生设计并开展各种课外抄摘活动，如做名言警句书签、编图文并茂的文萃册等。

### 4. 作业法

作业法指教师为了巩固、深化和提高教学效果而给学生布置学习任务，要求学生限时完成的一种教学方法。作业一般在教完新课后集中进行，可在课内，也可在课外，和其他教学方法交叉进行。它的形式多种多样，从表达形式分，有口头作业、书面作业；从训练方式分，有朗读、背诵、复述、听写、抄写、组词、造句、解释词语、分析句子、编列提纲、回答课文内容或形式方面的问题等。运用作业法，要加强科学性，讲求实效。

## （五）观察法

观察法是教师指导学生运用自己的视听器官，直接感知客观事物，增强感性认识的直观教学方法。一般来说，人主要靠视听觉摄取信息。实验表明，人的各种感官所获知识的比例，视听共占94%，其中视觉就占83%。观察是人的智力活动的起始，是人认识世界时将物象转化为表象的桥梁。

观察法包括观摩、演示、参观等具体方法。

### 1. 观摩法

观摩法即组织学生观看利用幻灯、投影、电视录像、教学电影等电教媒体展现的与教学有关的内容，从而增强感性体验，深入理解教材内容的一种方法。运用观摩法，一是要求教师学会操作一般电化教具，并学做教学幻灯、投影片；二要认真组织和指导学生观摩，做到事前明确要求，观摩过程中插入解说指导，事后进行讨论和总结，使观摩的过程成为一个完整的教学过程。

### 2. 演示法

演示法指利用教学卡片、挂图、实物、标本和模型等教具辅助教学的一种方法。运用演示法，特别注意教具出示和收取的适时性，要紧密配合教学需要，指导学生及时细致观察，不能顾此失彼，分散学生注意力。

### 3. 参观法

参观法是配合教学要求，组织学生到一定场所参观访问，以增加感性认识，深化对课文的理解，获取作文素材的一种方法。运用参观法，一要确定参观目的，制订参观计划，明确参观要求；二要严密组织，具体指导，要求学生做好参观记录；三要指导学生整理参观笔记，组织讨论、座谈，写观后感或写作预定的有关作文，把感性认识上升到理性认识。

# 第二节　语文教学方法的创新

## 一、语文教学新方法

创新是改变语文教学方法的重要途径。广大语文教师把握改革开放的大好时机，充分施展自己的创造才华，推出了一批语文教学的新方法。下面择要介绍其中几种。

## （一）自学指导法

自学指导法也称自学法、自学辅导法，是教师指导学生自学以获取语文知识、培养语文能力的一种教学方法。这种教学方法的创新和推行，是以"学生为主体，教师为主导"教学思想的重要体现。学生根据教师规定的教材或自学材料、指定的作业，自己阅读或做习题，教师适当指导、答疑和小结。优点是，以学生自学为主，注重培养学生的自学能力和自学习惯，有利于创造型人才的培养。弱点是，基础差的学生常常力不胜任，如果指导不力则容易使教学放任自流。

自学指导法有各种不同的方式：一是划块式，即在一节课以内，划出一块时间，用于学生自学和教师指导自学；二是整堂式，即用整整一堂课的时间，专门用于学生自学和教师指导自学；三是课外式，即在正课结束后，规定一个时间，指导学生自学，一般以学习吃力的学生为对象，也有全体学生都参加的。

运用自学指导法，必须注意：一要明确学习的目的和要求，结合自学内容提出激发学生学习兴趣的思考题和练习题，让学生心中有数，带着问题自学；二要指出自学内容的重点和难点，指明自学的步骤和方法；三要给学生提示或提供参阅材料或自学手段，帮助他们自行解决学习中的问题；四要进行巡视指导，对于自学吃力的学生还要有重点地进行个别辅导，细致观察和掌握学生自学情况，及时解决需要教师指导的问题；五要创设良好的自学环境和条件，让学生专心自学，提高自学效率；六要检查总结自学情况，肯定学生自学的成果，解决学生自学中的疑难问题，不断提高学生的自学质量。而关键在于教给学生自学的步骤和方法。例如，有教师总结了"四遍八步读书法"：一遍跳读（记梗概、记主要人物），二遍速读（复述内容、厘清思路），三遍细读（掌握字词句、圈点摘要、归纳中心），四遍深读（分析写作特点）。自学指导法正在全国范围内逐步推行，有着广阔的发展前景。

## （二）比较教学法

比较教学法是把两种或两种以上的语文因素集中起来，进行比较、分析，探寻规律，加深理解的一种教学方法。运用比较法进行语文教学，可以使学生明了知识构成规律，系统巩固所学知识，并培养举一反三、触类旁通的自学能力。

比较的方式主要有四种：一是横比，即两个或两个以上同类的语文因素相比，比如字词句篇，主题、题材、手法，人物、事物各自之间的相互比较。二是纵比，即同一语文因素的前后发展变化相比，比如词的本义与引申义，古今语法特点，课文修改前后的比较。三是对比，即将相对或相反的语文因素进行比较，比如同义词与反义词、对偶句、对立人物形象、相对写作方法之间的比较。四是类比，即用同类的两个语文因素中的通俗易懂的一个来与另一个相比，实际上是进行类比推理。

比较的类型有两种：一是求同比较，对相同或相似的语文因素，通过横比或类比寻找共同的规律；二是求异比较，对同类而不同特点的语文因素，通过对比或纵比，区分差异。

比较教学法运用的途径主要有四条：一是新旧联系。学习新知识，启发学生联系旧知识，从旧知识中寻找比较对象。二是设问求比。教师根据教学需要提出问题，要求学生围绕问题去收集课内外语文材料，寻找比较点。三是单元教学。一次学习几篇同类课文，启发学生认识它们之间的联系与区别，确定比较点。四是对比讲评。学生作文之后，以学生作文为例，展示同一题目的不同写法，引导学生比较分析。

## （三）得得教学法

得得教学法简称"得得法"，也称"一课一得，得得相连"。"得"是指教学必须使学生有所得，不仅要使学生学懂，而且要学生学会。整个教学过程是教一点，学一点，懂一点，会一点；只有懂了、会了，才算是"得"了。一篇课文在为训练点服务时，教学全过程大致分为三个阶段：一是自学预习阶段。先由教师做自学启发，然后由学生自学，再由教师着重提示课本中作为例子的部分，为突出训练点的要求做准备。二是逐点落实阶段。教师突出训练点的具体要求，引导学生精读、深入钻研并解剖范例，进行单项训练，落实一"得"。三是读写结合阶段，学生在剖析范例后进行写作的模仿和创造。上述三个阶段形成一条"综合（课文）—单一（举例训练）—综合（作文）"的完整的思维链。得得法本是一种教学体系，并非一种具体的教学方法；但是，这种"一课一得，积小得为大得"的语文教改精神，贯彻到广大的面上，不少教师已将"一课一得"作为一种独立使用的具体教学方法。

## （四）情境教学法

根据课文内容和教学要求，运用各种教学手段，创设适合于学生学习语文的生动情境，使学生入境会意，触景生情，从而加深理解，学习语言，开发智力，陶冶情操。情境教学法，作为一种具体的教学方法，已在全国各地逐步推开。

运用情境教学法，关键是创设一个语文教学的生动情境，主要方式有以下两种：

第一，模拟情境。一般是通过图画、照片、音乐、文学语言、电化教具等教学手段，再现教材提供的情境。根据儿童思维与注意的特点，模拟的情境要具有形象性和生动性，可以通过五种途径模拟情境，即以生活显示情境、以图画再现情境、以音乐渲染情境、以语言描述情境、以扮演角色体会情境五种途径，可以从中选用一种，也可综合使用几种，最终都要落实到语言学习上。

第二，选取情境。阅读教学，可以借助电教手段配合课堂教学，比如结合课文放映有关的幻灯、投影、录像和教学电影，使学生如闻其声、如见其人、如临其境；作文教学，可以带学生走出课堂，实地观察，开阔视野，丰富素材。

运用情境法，一要因文设境，不同文体、不同课文创设不同的情境；二要随机取境，尽量做到因陋就简，就地取材；三要情智交融，创设情境的根本目的还是为了更好地完成语文教学的任务，通过情境教学要使学生更好地学习知识，开发智力，陶冶情操，而不是为情境而情境，走向趣味主义。

要进入学习情境，必须进行情境诱导，情境教学法就是使学生在教师的作用下完成学习过程。因此，教师教学中要注意以下三方面。

### 1. 施教的趣味性

兴趣是推动学生学习的直接动力，兴趣的主要职能就是使学生把学习化作自己的动力和需要。教学实践证明，激发学生在思考探索的过程中体验到乐趣，感受到兴奋和激动，是提高教学成果的捷径。而要使学生对学习产生兴趣，教师就要把课讲得情感横溢，趣味盎然，生动活泼。趣味性，是情境教学法的重要内涵之一。语文教师要千方百计把课上得有味，讲得有趣，让学生在活泼的气氛中，在愉悦的心境里，在轻松的环境下去学习，去探索，品味到语文课的甘甜与芬芳。如要求背诵古典诗词，每次早读一首，日积月累，以提高学生的文学修养和兴趣，每堂课设计引人入胜的导语，一开始就紧紧吸引住学生。有很多行之有效的方法，常用的有直观演示、开拓想象、抓点拎线、形成悬念、展现意境、激发情感、讨论答辩等。这样的方法克服了学生消极厌倦的心理状态，促使学生以极大的热情投入语文学习的天地，来提高学习的积极性，激发求知的兴趣。

### 2. 求学的主动性

语文教学应该把立足点"从教出发转移到从学出发"。教学过程是开发学生智力、培养学生能力的发展变化过程，教学的对象是充满情感和个性各异的人，教学的目的只有通过学习者本身的积极参与、内化、吸收才能实现。学生是学习活动的主体，学生能否主动参与，成为教学成败的关键。情境教学法的目标就是为了提高学生的学习兴趣，开启学生思维之门，培养学生积极主动的学习态度。激发学生的学习动机，多在新课导入时进行。此时或确定学习重点，让学生有一个目标；或者介绍学习方法，使学生前进有路；或导入有术，令学生进入情境。情境教学法十分讲究和重视这一环节的设计。根据不同的教材，针对不同的对象，采用不同的导语。常用的方式有问题悬念式、诗词曲赋式、格言警句式、故事传说式、温故知新式、解题式、练习式、知识式等。学生的学习动机被激起后，无论是好奇、新鲜，还是情感、关注的需求，都形成一种努力探求的力量，积极参与到学习活动之中，成为学习的主人。培养学生的参与意识，是教学民主的具体体现，它能给学生尊重感、信任感、理解感。学生在主动参与的内驱力推动下，为求知而乐，为探求而兴奋、激动，到达了一个比教学预期目标还要广阔的境界，体验到成功的乐趣，得到一种精神的享受。变"要我学"为"我要学"，学习成为一种自我需要，使学习动机更为稳定和强化。情境教学法使学生在愉快的学习情境中产生学习动机，教师全力创造适于学生潜力发挥的条件，让学生全体参与、主动参与。

### 3. 情知的对称性

语文教学的过程既是一个认知过程，即智力因素活动过程，还伴有一个意向过程，即非智力因素活动过程。语文是培养学生优美的情感素质与优秀的智慧素质的重要课程。在这门课程中，既有一个完整的认识结构，还有一个极丰富的情感世界。情境教学法就是把这两方面紧密地结合在一起，不仅把语文作为工具性的学科，追求知性目标，还让它成为培养品格与智能双向发展的载体。情境教学法要在循文、析像、悟理的过程中领情、注情、传情，充分运用情感在认知过程中的特殊功能，从学生的学习需要出发，根据教学目的创设教学情境，提供具体的场景或氛围。在教学情境中，学生与情境之间发生种种信息交流，加强听说读写的全面训练，努力使语感训练、文感训练、情感训练、智能训练协同发展，全面完成传授知识、发展智力、培养能力、陶冶性情的教学任务。情知对称，经过长期的探寻和实验，"每个情感目标都伴随着一个认识目标"，"你中有我，我中有你"，一石二鸟，一举两得，达到了理性（认识）与非理性（情感）的高度默契，实现了教书育人的统一。

情境教学法建构起以"情境"为主体，以"情感"为中心的教学框架，以"趣味"动其心，以"情知"移其意，引导学生主动参与，以发展智能为终极目标。在"爱"的氛围中，在"美"的情境里，在"情"的感染下，活化学习动机，开启心智，陶冶情操，使学生不断获得成功的快乐，对于提高教学效率，进行审美教育都具有重要作用。

## （五）思路教学法

思路就是作者写作时的思维过程，它外化为文章的结构线索。教师根据作者的思维过程和文章的结构线索，指导学生分清段落层次，把握文章结构，概括思想内容，体会作者思维逻辑性，进而学会独立阅读、分析的教学方法，就是思路教学法。

思路不同，思想境界就不同。"思想境界"是指文章中作者立意所达到的高度（指中心思想或主题思想），具有阶级性和思想倾向性，而思路则是作者的逻辑思维通过一定的语言文字的表达，体现思维的条理性。思路有别于语感。"语感"是读者对作品中具体的语言文字的一种敏锐的感受，并非对文章整体结构层次的理解。思路教学要注意思路"接通"，也就是把作者所写文章的思路、教师教学的思路和学生学习的思路三者统一起来，让学生能理解文章的思路。"接通"的关键在教师，教师的教学思路是联系其他两种思路的桥梁和纽带，所以教师教学时必须吃透两头，一头是文章思路，另一头是学生思路。通过深入钻研教材，精心设计教学，运用各种切实可行的教学方法，把两者"接通"，使学生正确理解文章结构和内容。

思路教学的具体做法很多，一是自读探思路，就是通过引导学生自读，探索文章条理；二是分段显思路，用划分段落层次、归纳段意、层意来显示文章思路；三是提纲理思路，即引导学生编写课文提纲，厘清文章结构；四是设疑引思路，教师按照文章线索设置一连串疑问，引导学生释疑解惑，认识文章思路；五是讲解析思路，主要凭借教师对课文的讲解分析，厘清思路；六是板书明思路，用板书设计来显示课文思路。

## 二、语文教学方法的引进

### （一）发现教学法

"发现"的本义是指找到前人没有找到过的事物和规律。作为一种教学方法，它是由心理学家布鲁纳（Jerome Seymour Bruner）所创。发现不限于那种寻求人类尚未知晓的事物的行为，正确地说，发现包括用自己的头脑亲自获得知识的一切形式。发现法是教师提供适合学生学习程度的教材，引导学生自己探索，发现问题，寻找答案，得出结论的教学方法。它可以激发学生的学习兴趣，获得长久保持而又便于迁移的知识，培养钻研精神和创造能力。在语文教学中，发现法又称"问题教学法"或"设卡法"。

运用发现教学法的一般步骤：一是设问，即创设问题的情境，使学生内心产生矛盾，主动提出要求解决的问题；二是假设，即由学生利用自己已有的知识，利用教师提供的材料，提出解答问题的合理假设，探索解决问题的途径；三是验证，即让学生从理论上或实践中检验自己的假设；四是总结，得出共同的结论。

发现法在引进过程中得到改造，逐步成为适应各地教学实践的语文教学方法。比如，由发现法衍生的"引导发现法"采用以下五个步骤：一是准备，教师引导学生明确探索的目标、意义、途径、方法等；二是初探，根据既定的目标和途径，引导学生通过阅读、观察、思考等学习实践活动，主动概括出知识规律，寻求问题的答案；三是交流，教师组织引导学生交流初探成果，对于有争论的问题展开深入讨论；四是总结，学生整理知识使之系统化，教师对学生小结进行评价和修正，使之进一步掌握知识的内在联系；五是运用，学生通过各种形式的练习，完成有一定难度的任务，验证巩固知识，增强运用知识解决实际问题的能力。

### （二）SQ3R 学习法

SQ3R 学习法又称"查、问、读、记、复习法"或"五步阅读法""五段学习法"，是一种引导学生进行自学的读书方法，始创于艾奥瓦大学。SQ3R 系五个英语单词的缩写，代表了阅读过程的五个步骤，即纵览（Survey）—发问（Question）—阅读（Read）—背诵（Recite）—复习（Review）。第一步全面浏览，对所学内容做框架式的大体了解，即对所学材料，从内容提要、目录、序言到大小标题、图表、注释等，先粗略地看一遍。第二步略读，着重读物的主要内容（包括重点和难点），并提出问题。第三步带着问题深入阅读，可以圈点、画线或写提示性批语，还可以做笔记。第四步回忆复述，即合上书本，对各部分提出问题予以解答，回忆各个章节要点，巩固学习内容。第五步复习巩固。运用这种学习方法，学得比较扎实，适用于需要记忆和深刻理解的精读和必读材料，但它费时较多，对于只须一般了解的略读材料不宜采用。

这种学习方法引进我国语文教学，不但适用于学生自学读书，而且经过移植，可以适用于阅读教学中的精读课文教学，加上教师的启发引导，改造成具有师生双边活动特征的"五步自学指导法"，即定向浏览—略读质疑—深读理解—回忆解答—复习小结。

## （三）科学扫描法

科学扫描法又称"速读法"或"扫读法"，指在有限时间内尽快地、有目的地、有效地阅读文字材料，并获取所需信息的方法，主要原理是采取科学视读法，减少眼停的次数、时间和回视，扩大视读广度，达到提高阅读速度的目的。

它突破了按字词句读书的习惯，而是一行一行、一块一块地扫视；采用略读和寻读相结合的方式，略去一般性文字，发现重要内容，则减慢速度，按行跑读，遇到关键处，再逐字逐句细细品味。一般文章的组织结构，大体可分七个部分：一是名称，二是作者，三是导语，四是一般内容，五是事实、数据、公式之类，六是新奇之点，七是争议之点。速读就像雷达跟踪目标，敏捷地抓住文章中的六、七两点，而将其他略去。这样单刀直入、直取精髓的读书方法，可用较少的时间，获得较大的阅读量。和一般性阅读相比，科学扫描法的一般指标是速度高一倍，理解系数达 50%。作为一种读书方法，科学扫描法需要加强训练。主要方式有八种：一是遮盖扫描。读完一行，就用纸片遮盖这一行，以减少回视，增加眼停的视读广度。二是限量扫描。即限时读完一定数量的文字。三是计时扫描。计算阅读一篇材料所需的时间，再做一些检测理解力的练习题，测定扫描效果，如此多次检测比较，及时反馈。四是块面扫描。编好与横行竖排字数相同的块面阅读材料，让学生一次读一个块面，要求眼脑直映，养成快读习惯，逐步扩大块面字数，以增进每次眼停的视读广度、阅读速度和理解力。五是狭条扫描。目光在书页字行的狭窄区间移动，视线不仅集中于一页材料每行文字的中心，而且投向这狭窄长条的所有文字。六是直线扫描。视线在每行文字的中线垂直往下移读，要求一次眼停看一行字，常用于阅读报刊。七是顺序扫描。将一篇文章的上述七个部分作为阅读的目的任务，依次扫描搜寻。八是机器训练。采用速示器、速读器等机械装置辅助训练，以加快眼动或扩大视读广度，提高扫描速度。

引进的教学方法还可以列举一些，比如问题教学法、暗示教学法、快乐教学法、范例教学法、图表教学法、利用图书馆学习法等。

## 三、语文教学方法的发展

语文教学方法是语文教学系统中的一个动态的要素，它本身就是一个动态的子系统，是不断运动变化的。语文教师应当探寻语文教学方法运动变化的规律，把握它的发展趋向，遵循它的发展途径，做语文教改的"弄潮儿"，将语文教学方法创新推向前进。

### （一）语文教学方法的发展趋向

#### 1. 主导主体有机结合

语文教学方法是教法和学法的有机统一。随着一个时期处于支配地位的教学思想的更替，教学过程理论和教学方法理论也相应变更。一时主张教师中心，以教法的灌注为主；一时提倡儿童中心，以学生的自动为主。这种变更，古今中外几百年乃至几千年来，已经发生过数次。语文教学必须坚持教师为主导、学生为主体，语文教学方法应当体现这种主导主体的有机结合。

#### 2. 知识能力同步教学

语文教学是一个传授知识、培养能力的教学过程。语文教学方法既是知识传授法，也是能力训练法。传统的教学理论注重知识的传授而忽视能力的培养。我们需要用基本事实的知识来发展和增进每个学习者的思考力。语文教学方法必须有利于知识和能力两种教学的同步进行。近年国外出现"第三程度"的理论，即学生掌握知识和运用知识，按深度分为三种程度：第一程度是掌握信息；第二程度是具有运用知识的技能技巧；第三程度是善于创造性活动。像发现法、问题教学法、范例教学法、暗示教学法等新的教学方法便是以实现第三程度为目的。我国语文教学方法的创新，应当瞄准国际教育科学理论的新高度。一个学生只有掌握了牢固的知识，具备了较强的能力，才有可能进行创造性活动。

#### 3. 认知个性和谐发展

认知指学生的认识能力，也就是智力；个性指学生的个性心理，即非智力心理因素。智力和非智力因素的和谐发展，实际上就是人的全面发展教育思想的体现，已经逐步成为教育理论工作者和实践工作者的共识。对语文学习来说，观察、记忆、联想、思维、想象等智力因素，是学生学习的操作系统；而动机、兴趣、习惯、情感、意志等非智力因素，则是学生学习的动力系统。两者和谐发展，才能全面促进学生的语文学习。因此，未来的语文教学方法既要有利于开发学生的智力，又要有利于培养学生的非智力因素，而且要把两者有机地统一起来，促进学生认知水平和个性心理的和谐发展。

## （二）语文教学方法的发展途径

### 1. 批判继承，推陈出新

语文教学方法具有继承性和创造性，这是语文教学方法的基本特征之一。今天的教学方法大多是从古人或前人手中继承过来的。不用说讲授、诵读、议论等常规教学方法的基本做法承继了两千余年教学方法的衣钵，就是创新或引进的新教法，追根溯源，从中也可窥见沿袭的影子。

这种批判继承、扬弃的过程，是推陈出新、创造和发展。对于过去的教学方法，凡是合理的成分，比如启发式的，结合教学实际的，有利于传授知识、培养能力、开发智力、陶冶情操的做法，予以肯定和吸收；凡是不合理的成分，比如注入式的，脱离教学实际的，不利于传授知识、培养能力、开发智力、陶冶情操的做法，则予以否定和剔除。任何全盘否定和全盘肯定的态度都是不科学的。语文教学方法要发展，就要充分发掘我国教学方法的历史积淀，正确地扬弃，注入时代的生机和活力，创造出更新的更有成效的教学方法来。

### 2. 引进借鉴，为我所用

引进、移植、改造外国的、外地的、他人的教学方法，是发展语文教学方法的"源头活水"。情境教学法，本来是一种外语教学方法，是19世纪下半叶始于西欧的外语教学创新运动的产物，由直接法演变为听说法、视听法、功能法以至情境法等现代外语教学方法；把它移植过来，加以改造，用于汉语文的母语教学，便是一种崭新的教学法。范例教学法原是教育家瓦根舍因（Martin Wagenschein）首创，它注意从教学大纲和学生日常生活中选择"范例"，以便使教学内容更加典型化，让学生从"范例"的"个别"到"类"掌握知识结构，从而提高教学效率。借鉴它的基本思想，赋予我国语文教学的新内容和新特点，既可创造"读写结合法"，又可设计"得得教学法"。在改革开放的时代，在新技术革命频频挑战的未来，国家与国家、民族与民族之间各种思想的相互渗透是不可避免的，域外教学方法也将源源不断地被引进。如何结合我国语文教学的特点，结合本地本人的实际，进行科学的选择、合理的借鉴，拿来为我所用，这是未来语文教学的一大课题。

### 3. 优化组合，避短扬长

具有多样性和综合性，是语文教学方法的又一基本特征。语文教学方法的这一基本特征，也为它自身的发展开拓了无限广阔的天地。优化组合是语文教学方法发展的重要途径。这种优化组合，也就是语文教师的创造。

优化组合的诀窍在于避短扬长，发挥个人教学的优势。比如朱自清的《春》，不同的教师可以有不同的教法：

可以"导之以情，以读带讲"，像于漪老师那种"情感派"的教师执教，首先设计一个充满激情的导语，将学生引入"绿满天下"的动人境界，然后边读边讲，步步深入，使学生的情感融入融融春意之中，潜移默化地受到课文内容的感染熏陶。

可以"朗读领先，带动全篇"，善于普通话朗诵的教师，从朗读入手，通过朗读的指导和反复的朗读，使学生领会文章的思想内容和写作特色。

可以"范文引路，指导观察"，善于观察指导和写作训练的教师，则以课文为范例，通过课文分析和观察指导，培养学生观察能力和表达能力。

可以"一课一得，以读促写"，紧扣景物描写这个重点，让学生领会按照顺序写景和抓住景物特点的写作方法，并付诸作文实践。

任何具体的语文教学方法都不是"万应灵丹"，都必须接受实践的检验而决定弃取。

# 第三节  语文教学中创新思维的培养

## 一、语文教学中培养创新思维的必要性与可行性

### （一）语文教学中培养创新思维的必要性

#### 1. 教育发展的需要

创新教育能够反映出时代精神，是一种新的教育理论。传统教育只注重知识的继承，不利于创新思维能力的培养，学生的创新精神和创新意识得不到锻炼，飞速发展的社会又迫切需要创新型人才，所以培养创新思维能力就成为教育创新发展的必然。在新的《高中语文课程标准》中，语文课程在高中阶段的实施标准要求语文高中阶段要通过必修课程和

选修课程的学习，学生要重点发展以下三方面的能力：积累、整合的能力，欣赏、感受、思考、理解的能力，应用、扩大发现、创新的能力，并首次把创新明确写进了课程标准中。目前创新是一个备受关注的话题，又是教育体制、机制、课程创新的难点问题，所以新的课程目标要求，要对世界和未来有浓厚的兴趣和高涨的热情以及高度的敏感性，要对各种不同的创新进行积极的探索，更要大胆对未知世界进行探索和发现，用新的意识、新的方法解决问题。课程目标在"表达与沟通"这个环节中也对创新有明确的要求，包括写作和口语交际，体现出表达和交流要用新的思想和理念。因为学生肩负着接收者和思考者的双重身份，语文在写作过程中，不仅是一个学习的过程，也是一个积极思考的过程，写作不能是简单的照搬照抄，不能被动学习、模仿他人，要参与其中，更重要的是要在写作过程中进行深入思考，有自己的观点和个性，能提炼出新的东西，这样才能写出好的文章来。新的课程还要求教育者在教学实践过程中发展学生的创新思维。以前我们谈到创新时，想到的都是发明创造，认为语文、数学、生物、地理等课程没有什么创新的必要，对创新能力的培养比较轻视，语文科目也没有承担培养创新思维能力的责任。新的语文课程标准已经提出了新的要求，语文科目要承担创新思维能力培养的任务和促进开发其他学科领域的任务。不仅要在本学科开拓创新能力培养的新途径，还要为培养其他基础学科的创新思维能力做出贡献。当今社会发展迅速，迈入了知识经济的时代，人类的创新能力已经成为经济发展的原动力，成为国力增长的重要因素。我们的教育更面临着新的挑战，传统的教育教学模式已经不能适应日新月异的时代发展的需要，培养创新思维能力已经成为教育创新迫在眉睫的新任务。

## 2. 认知水平提高的需要

知识就是力量。可见，知识是多么重要，所以人们一直对知识进行不知疲倦的探索。知识没有永久性的，对一个人的职业生涯来讲，知识就像是食物，是有保质期的，产品超出保质期，是要坏掉的，知识如果没有更新，就无法正确指导实践。知识更新周期是衡量世界总体发展速度的重要指标，随着社会的发展，知识更新周期越来越短。所以，对于知识，我们不仅要积累，还要及时不断地更新，这样，才能使知识成为改变命运的第一推动力。

随着人类社会的不断发展，那些客观的知识已经不是知识的全部内涵，那些被忽略的隐藏的知识，比如思维方法，也成了知识的另一部分内涵。今天科技的迅猛发展使思维科学变得越来越重要，这就不能不引起我们对当今教育的反思，我们忽略了对学生的创新思维能力的培养，对知识的理解。当今社会发生了质的变化，不再单单局限在认知范畴，而是扩展到应用范畴，过去不认为是知识的技术、能力、技巧等，现在都已经成为新的知识。过去认为继承和传递文化就是知识的功能，现在知识就是资源，就是资本，知识的作用被人们越来越重视；过去的知识人们都是用大脑来储存，推崇的是博古通今，现在则由单一的大脑储存走向大脑和电脑并用的双向储存，信息量更大。过去传递信息的方式是口耳相传，现在高科技的卫星、多媒体走进千家万户，广泛应用到各个领域。由此可见，当今的知识已经深入思维这一层面，不再仅仅是那些看得见的客观知识，这样的现状要求我们的教学要有所改变，培养学生创新思维的能力势在必行。

## （二）语文教学中创新思维培养的可行性

### 1. 语文教学中创新思维培养的理论依据

教育的对象是一个个鲜活的、个性化的个体，因此，语文教育也应从每名学生的特点出发，培养每名学生独特的个性素质，充分发展他们的个性，发掘蕴藏在每个人身上的潜能，促进学生个性的健康发展。尊重学生的个体发展特点，给予学生充分自由的发展空间，学生的创造力才有可能得到发展，学校培养创造型人才的宗旨才能得以实现。21 世纪是全球知识经济的时代，人才竞争趋于白热化。在国际竞争日趋激烈的时代，无情的竞争要求我们既要在多元化的形势下全面发展，更要有所创造，创造人才、创造科技、提高效率。

### 2. 语文教学中创新思维培养的现实基础

语文是最重要的交际工具，是人类文化教育的重要组成部分。工具性与人文性的统一是语文课程的重要特点。新的语文课程目标根据知识和能力、过程和方法、情感态度和价值观这三个维度来设计展开，体现了工具性和人文性相统一的思想，包含了扎实的基本功的培养和潜在能力与创新能力的开发。在培养学生创新思维这一方面，语文学科要比其他的学科担负更多的责任，这也是为什么在语文教学中培养学生创新思维是如此重要。在语文学科创新教育开展的过程中，为了更好地提高语文学科的教育教学质量，语文教育家无论在理论上还是实践中都做出了非常大的努力，语文创新思维的研究也因此取得了很多令人瞩目的成绩，为在语文教学中培养学生创新思维奠定了现实基础。孩子随着年龄增长，在看待事物时会通过自己的思维去分析，到了中学已经形成了独立的辩证的思维。中学生思维的逻辑性与批判性较强，独立思考能力也大大提高，他们能够根据一定的准则去判断事物，并乐于提出自己的观点和解决办法。因此应该充分利用学生这一阶段的思维特点，以此为基础，在语文教学中培养学生的创新思维。语文学科的创新教育要求教师在教育过程中完全改变传统的教育教学模式，开拓教学内容。以语文教学内容和已经掌握的语文知识为基础打造一个有利于培养学生创新思维的语文学习环境，激发学生的创造灵感，指引学生运用所学知识去探索新知识，解决新问题，在这个过程中让学生体会到学习语文的乐趣与满足。创新思维在语文教学中的应用将提高学生的创新能力，最终让学生成为真正具有创新能力、创造品格的创新型人才。

### 3. 语文教学中培养学生创新思维的优势

学生素质教育最基础的课程就是语文。我们都知道语文学科不仅是语言学科，也是思维学科。创造过程本身是一个人心灵当中各种文化要素产生有意义的综合。语文学科相对于其他学科更加全面、综合，所以语文有其他学科不可替代的功能，在语文教学过程中培养学生的思维能力，尤其是重点培养学生的创新思维能力，是与培养学生的语言能力同等重要的教育教学任务。

## 二、语文教学中培养学生创造性思维

### （一）语文课堂教学中创造性思维能力培养的实施

#### 1. 语文教学与创造性思维

（1）语文学科的性质，语言与思维的关系

语文学科既是基础工具学科，又是思维学科。语言是交际的工具，人们通过语言交流思想、传递信息。在信息时代，信息的交流更加频繁，作为交际载体的语言会更加丰富多彩。语文学科的任务之一，就是要使学生能够正确理解和运用祖国的语言文字，为学生继续学习和工作打下基础。语文学科是基础工具学科，早已得到大家的公认。语文学科又是思维学科，也越来越引起语文教师的重视。

为什么说，语文学科也是思维学科呢？这里就涉及语言与思维的关系问题。语言是人类最重要的交际工具，它同思维有密切的联系，是思维的工具，是思想的直接现实，是思维的"物质外壳"，语言和思维是不可分的。更准确地说，内部语言是思维活动的"物质外壳"。什么是内部语言？内部语言，就是和逻辑思维、独立思考、自觉行为有更多联系的一种高级的言语形态。它的主要特点在于：其一是不出声，或语音的发音是隐蔽的。其二是以自己的思想活动作为思考对象，先想后说或先想后做。其三是"简化"。内部语言是外部语言中的一些片段。内部语言与外部语言相比，在同时思考与表达一个问题时，前者的速度比后者快得多。内部语言不仅是逻辑思维和独立思考的物质基础，而且是思维发展水平的标志。内部语言的发展是和口头语言、书面语言的发展相辅相成的，而思维活动不仅借助内部语言，同时也要借助外部语言实现，由此可见思维与语言的密切关系。思维和语言既是密切相关的统一体，又是有区别的。从语言与思维的密切关系来看，语文学科又是思维学科。

（2）思维与创造性思维

思维是人脑对客观现实的概括的、间接的反映。概括的反映是指思想能够反映事物的本质，能够反映事物间的本质联系和规律。间接的反映是指思维总是通过某种媒介来反映客观事物的。由于思维的概括性和间接性，人通过思维，可以认识那些没有直接作用于人脑的种种事物，也可以预见事物的发展变化。人借助思维，能从个别中看到一般，从现象中看到本质，从现实中推测过去，预见未来。

创造性思维是以解决科学或艺术研究中所提出的疑难问题为前提，用独特新颖的思维方法，创造出有社会价值的新观点、新理论、新知识、新方法等的心理过程。创造性思维往往与创造活动联系在一起。创造性思维的特征是思维的新颖性、独特性，发散性思维在创造性思维中占主导地位。学生在学习中的"发现"，或有创见地解决学习中的问题，也可称为创造性思维。

根据思维在解决问题时探索方向的不同，可将其分为集中思维和发散思维两种类型。集中思维（又称聚合思维、求同思维）是指根据已有信息向着某一方向的思考，力图得出一个符合逻辑的正确答案的一种有方向、有范围、有条理的收敛性思维方式。发散思维（又称辐散思维、求异思维）是根据已有信息，从不同角度向不同方向思考，从多方面寻求多样性答案的一种展开性思维方式。根据问题所提供的信息，探索几个可能的答案。

集中性思维强调主体找到问题的"正确答案"，强调思维活动中的记忆的作用；发散性思维强调主体去主动寻找问题的"一解"之外的答案，强调思维活动的灵活和知识的迁移。集中性思维与发散性思维是思维过程中互相促进、彼此沟通、互为前提、相互转化的辩证统一的两个方面。集中性思维是发散性思维的基础，发散性思维又是集中性思维的发展。集中性思维和发展性思维都是人类的思维的重要形式，都是创造性思维不可少的前提，二者都有新颖性。

创造性思维活动一般是按集中—发散—集中的顺序进行的。集中为发散提供了起点和归宿，发散又为实现创造（集中）提供了基础。发散性思维是创造性思维的主导成分，但必须与集中性思维有机结合，方能有高水平的创造性思维产生。

创造性思维包含两种类型：一是重新安排已有的知识，创造出新的经验形象；或对已有知识从新角度去观察分析，也是一种重新安排已有知识的创造性思维活动。重新组合已有知识或从新的角度对已有知识重新观察分析，都能导致新的"发现"，提出对问题带有新颖性、独特性的见解，这是低层次的创造性思维活动，是每个普通人都具有的创造潜能。创造性思维活动的另一种类型，是在科学上的重大发现，在技术上的重大发明创造，提出前人没有发现过的新见解、新理论，这是科学家、发明家等人的创造性思维活动。我们对青少年的创造性思维的培养与训练，是指低层次的创造性思维活动。

发散性思维是创造性思维的重要主导成分，是测定创造力的重要指标之一。发散性思维具有流畅性、变通性和独特性三个特征。思维的流畅性，是指产生大量意念的能力，即反应迅速而众多，思维畅通无阻、灵敏迅速，能在短时间内表达较多的概念。只要不离开问题，发散量越大越好，这是发散性思维的指标。流畅性可分为四种：①词语流畅性，指产生词语，满足语言特殊构造所要求的能力。②观念流畅性，指在自由的情境下，产生所需要观念的能力。③联想流畅性，即列举事物的属性以适应特殊情况的能力。④表现流畅性，指产生连贯性论述的能力。思维的变通性，是指思考能随机应变，变化多端，触类旁通，举一反三，不局限于某一方面，不受消极定式的桎梏，能提出不同凡俗的新观念。思维的独特性，是指用前所未有的新角度、新观点去认识事物，对事物表现出超乎寻常的独特见解，具有新颖性的成分，它代表着发散性思维的本质。

（3）创造性思维与语文教学

语文课占有十分重要的地位，它的学时最长，无疑对学生的成长影响也较大，而语文课所选的教材，又都是文质兼美，适合教学的典范文章。语文教学在培养学生创造性思维上，有着得天独厚的优越条件。语文知识是创造性思维的产物，是智慧的结晶，本身就具有智力与创造性的价值，而且语文知识是发展学生创造性思维与智能的基础。有了语文这个基础工具，才能真正将学生学习中的创造性思维能力充分发挥出来。语言既是一种社会现象，又是一种复杂的心理现象，以听读说写教学为例，学生听话须独立思考，进行心理交流，方能很好地感知说者的思想观点，并由此迸发出创造性的思考。阅读与写作则须借助联想与想象，同作者与写作的对象进行"心理位置互换"，才能更好地再现生活图景与表达真情实感，触发新的联想与创造性构思。

汉语历史悠久，源远流长，语言现象纷繁复杂，千变万化。学习语言，有一定的规律可循，其中一条规律就是语言训练必须和思维训练相结合。如对语言的理解，在理解中有变通，在变通中有发散，在发散中又有变通，只有这样，思路才会畅通，才会进行创造性思考。同时，语言同心理过程中的感知、想象、思维、记忆，与心理意向过程中的兴趣、动机、感情、意志都有密切联系。无论对语言的理解与摄取，还是运用与表达，都要从开发学生的创造性思维的心理出发，发掘其潜在的智能，才能在学习语文中有新的发现与创造。

所以语文教学最根本的问题是，在教给学生语文基础知识的同时，充分发挥语文学科又是思维学科的特点，对学生进行创造性思维的培养与训练。我们应充分利用这一有利条件，通过语文教学，培养学生的创造性思维。

### 2. 语文课堂要创设良好的思维环境

（1）创设良好的思维环境的必要性

创设良好的思维环境是培养创造性思维能力的前提。良好的思维环境会激发学生的认知兴趣，调动学生的学习积极性。兴趣是人的一种带有趋向性的心理特征。学生如果对某种事物产生兴趣时，他就会主动、积极执着地去探索。教学过程中只有努力激发学生的认知兴趣，才能培养其强烈的创造欲望。兴趣是学生能否发挥认识的主动性和积极性的向导。因此教师应当努力激发学生兴趣，开启创造性思维的大门，酝酿良好的思维环境，包括以下方法：①导语激趣；②朗诵激趣；③绘画激趣。

良好的思维环境可以让学生产生良好的适应心理，具有良好的心理定势。当学生释放心理负担，没有左顾右盼、欲言又止的心态时，他就会建立内心自由，即不受冲击、畏惧、强迫、紧张、刺激，而有坚定意志、自强不息，富有较强的洞察力、预感力和强烈的好奇心。语文课堂上教师淡雅的装束，惬意的微笑，文雅大方的举止，和蔼可亲的言谈会让学生欣赏，让学生心理放松，因为这些都可谓创设良好的思维环境所必不可少的。反之，教师课堂形象拙劣，板着面孔，语言冷淡，态度生硬，会使学生畏惧不前。特别是那简单的一个"错"字，令学生心灰意冷，思维封闭，更谈不上良好的思维定式。

良好的思维环境还为营造融洽的师生关系打下基础。创造性思维能力的培养除了要依赖社会历史条件外，更重要的是赖以顺利展开的各种教学条件，这里主要包括教学气氛和师生关系。良好的思维环境就是要有一个和谐的氛围和融洽的师生关系。在"以人为本"的教学理念下，首先要创设一种宽容、民主的教学气氛，使每个学生都积极参与教学活动，教师不再是宣讲者、指挥者。师生之间的民主、亲密、和谐的关系，是进行创造教学、培养学生创造性思维能力的重要前提。语文教师力求创造这样一种氛围，学生真正在思维上解放，他们不仅把教师看成师长，更重要的是当作朋友，真正意义上的朋友。那么怎样才能营造融洽的师生关系？首先要让学生说话，其次是要给学生机会。

（2）创设良好的思维环境应遵循的原则

教师在思维过程中应遵循的原则是：尊重学生提出的问题；尊重学生的想象力和别出心裁的念头；让学生知道自己的观念是有价值的；或让学生做些事情，但仅仅是为了练习，而不进行评价；从因果关系上展开评价。基于此，我们制定以下原则：民主的原则，就是要"以人为本"，尊重学生，尊重学生的各种思维，让他们充分发挥"主人"的作用，做课堂的主宰者。整体的原则，面向全体，使每个学生都能在这样的教学环境中开展思维活动，提高思维能力，尤其是那些认为不如别人的学生，给每个人以思维的权力。肯定的原则，在上述原则的基础上要做到"肯定"是主导。无论学生得出怎样的答案，教师都要从不同角度给予肯定，最基本是肯定学生最初的思维是积极主动有热情的。个性的原则，让学生发挥个性特长，敢于"异想天开""突发奇想"，甚至于"想入非非"，让思维的火花绽放。

（3）怎样创设良好的思维环境

①打好思维基础。

高中阶段语文创造性思维能力的培养是在初中的语文思维活动基础上开发的，高中阶段的语文思维活动是创造性思维能力培养的基础。创造性思维基础应当是相应的知识的积淀，厚重的知识基础是创造性思维能力培养的源泉，很难想象一个知识贫乏的人怎样去展开丰富的想象，开展创造性思维活动，成为创造型人才。

可以组织学生建立资料库，广泛收集语文资料，积累汉语、古诗词名句、名人轶事、成语故事、阅读写作知识等方面的资料，通过晨读时间和活动课时间让学生将收集的资料加以整理。还可以组织学生搜集信息源。大量的信息储存，可以使学生开阔视野，博采众长，展开思维视角，认识社会，放眼世界，展望未来，在有限的时间和空间里，索取无尽的知识。

学生通过建立资料库和搜集信息源的方式，可以打好思维基础，从客观上为学生创立良好的思维环境做知识上的储备。

②建立良好的学习机制。

学习机制是系统过程，但就学习的动机、认知能力看，建立良好的学习机制首先应从学习动机入手。学生的动机决定他们选择什么策略，并决定他们使用这些策略的效果。具有外部动机的学生倾向于选择和使用机械学习的策略，具有内部动机的学生倾向于选择使用有意义的和起组织作用的策略。良好的学习动机会促发学生进行思维创造。

## 3. 语文课堂要重视培养学生的思维品质

思维品质是在思维活动中所表现出的个性差异，又叫作思维的智力品质。培养和发展思维品质是培养学生创造性思维能力的主要途径。

（1）培养思维品质的重要性

①能使学生辩证地认识、分析、解决问题。

思维发展既有共性又有个性，他们既承认思维发展的共性，又强调思维发展的个性，这是从辩证唯物主义观点出发，在培养学生的思维品质中让我们看到既有普遍性存在，又有个性差异，这便是重视个性发展，敢于辨思，从而辩证地解决问题。

②使心理学理论与教育有机地结合起来，提高教学效率。

在各科教学中始终注意发展学生的逻辑思维，培养学生思维的灵活性和创造性，主要就是以最好的教学效果来达到学生最理想的水平。因此把心理发展与教育教学发展紧密地联系在一起，目的是通过培养学生的思维品质达到良好的教学效果。今天我们确立培养学生思维品质目标就是将它与教学紧密结合，在教学实践中真正地去培养学生的思维品质，优化教学过程，提高教学效率。

（2）思维品质培养的内容

思维的深刻性，即抽象逻辑性。思维的深刻性集中地表现在善于深入地思考问题，抓住事物的规律和本质，预见事物的发展过程。思维的灵活性指思维活动中智力的灵活程度，包括思维起点灵活，过程灵活，迁移能力强，善于组合。思维的独创性是指独立思考，创造出有社会价值的具有新颖成分的智力品质。思维的敏捷性指思维过程中的速度或迅速程度。思维品质的具体内容构成创造性思维的整体。

## （二）创造性教法与创造性学法

### 1. "互动—创新" 式教学理念

学生创造能力的高低，衡量着创造教育的质量，而创造教育的质量又必然反映着语文教师的创造水平。学生学习语文成绩的好坏，对知识的摄取、传递和创造能力是否能有效形成，直接决定学习创造能力的形成与发展。因此，语文教学中创造性的培养应当还是双向的，教师和学生都应具有创新能力才是可行的。

（1）理论依据

①哲学依据。

人的全面发展学说是实施"互动—创新"教学的基础。人类的认识来源于实践，并受实践的检验，又在实践中不断得到完善和发展，因此，学生必须亲自参与整个教学过程，主动获取各种经验的信息，开动脑筋，调动各种思维方式，运用正确的思想、观点和方法，进行分析、综合和创造性探索，在积极的实践活动中获得知识，培养能力，实现各种素质的全面、和谐、协调发展。

②教育心理学依据。

新的教育思想追求教学过程的民主化，主张创设平等宽松的氛围，使师生相互尊重，相互协调，让学生平等参与教学，真正让学生成为学习的主人，把被动接受的"要我学"

转化为主动进行的"我要学"。

（2）概念的界定

①"互动—创新"教学的含义。

"互动—创新"作为一种中学语文教学机制，它是以互动为主要教学原则、策略和方法，以培养学生创造精神和实践能力为主要宗旨的教学组织结构和教学发展过程。这个过程以互动学习为起点，以迁移创新为方向，既是一个训练实践的发展过程，也是一个认识运动的发展过程。它是在互动教学思想的指导下，运用互动的教学方式组织起来的教学结构和训练过程。

②"互动—创新"教学的基本框架。

组成教学系统的三个主要元素是教师、学生和教材。在"互动—创新"教学过程中，它们之间的结构关系应当是教师与教材、学生与教材、教师与学生、学生与学生四对相互作用的立体交叉关系。在教师对教材进行科学处理之后，学生在教师的组织和指导下与教师和同学共同探讨学习，并将在学习和探讨中获得的信息反馈给教师和其他学生，同时，又在教师和其他学生的评价和迁移训练中获得新信息，从而达到对所获信息的积累、突破和创新，内化成为自己的语文能力和素养。

（3）操作原则

①主体性和自主性原则。

教师是教学主体，学生是学习主体，只有富有创造力的教学主体，才能焕发出学习主体的创造活力。要焕发学习主体的创造活力，教师就必须尊重学生，注意养成学生的自主性。培养这种自主性的一个重要途径就是培养学生的自学能力，包括培养学生自学的心理素质（心志坚、心力专、心趣浓、心绪宁）、自学的基础（强调结构化的知识便于学生运用与迁移）、自学的智力品质（强调记忆、联想、想象、逻辑思维、辩证思维和创造思维能力培养）、自学的方法与技巧（强调掌握听、说、读、写基本方法，会筛选、归纳、整理、表述、运用、生成信息）、自我评价自我调控能力（强调一分为二而又把握好是非、对错、美丑界限和自我调控心理，养成耐挫折而善于与他人合作的品格）等方面。引导学生从学会自立学习，进而学会生存，学会做人，形成独立、自尊、自重而又富于创造性的人格。

②互动性和协作性原则。

互动包括师师互动、师生互动、生生互动、群体互动，是一种多维的互动性，而在互动的过程中各方能互相促进、互相协作。其中，师师互动包含在教学设计的过程中，教师集体研讨、各抒己见、取长补短，设计更优的教学方案。而教学实施过程中，教师不仅是课程学习的"教"者、"述"者、"问"者和"指导"者，而且是"学"者、"思"者、"听"者，不仅是课程学习过程的调度者和局部障碍的排除者，而且是课堂信息的捕捉者、判断者和组织者，同时，利用反馈的信息，及时调整、优化教学方法。而学生不仅是"听"者、"答"者，而且是"问"者、"说"者、"思"者；不仅是"学"者，还会从"学"的领域扩展到对"教"的参与，部分地成为"教"者。师师、师生、生生共同思考、讨论、交流，整个教学过程中，始终处于一种互动、协作状态。

③创造性与求真性原则。

创造性是要以创造教育思想为指导，教给学生创造性思维方法，引导学生参与创造性活动，培养学生创造力。培养学生创造力的前提是树立每个学生都是拥有创造潜力的活生生的人的观念，要珍视他们创造性思维的萌芽。求真性就是我们在发展学生多向、逆向创造性思维能力的同时，注意思维的求同性与求真性，即对人类公认的某一历史时期促进生产力发展的相对真理的认同，防止思维训练的绝对化。

④活动性与优质性原则。

活动性就是保证学生参与学习活动的时间，优质性就是保证学生参与学习活动的质量。一般来说，一节课 2/3 以上的时间，让学生参与学习活动：读书、质疑、讨论、答问、演讲、互评、做卡片、整理笔记、作文等，有时还安排时间到图书馆查找资料。

为提高学生参与学习活动的质量，要特别注意强化质疑这个环节，因为学生能提出问题本身说明他动脑筋思考了。学生参与学习活动可分为三个层次：浅层次参与（一般的朗读、复述和简单问题的答问、讨论，有准备的演说等，这种参与对活跃课堂气氛，调动学习较差学生的学习积极性有好处，但思维训练不够）、较深层次参与（自学提出问题，归纳文章要点，分析内容写法，比较同类或异类文章异同，观察生活现象或阅读短文引发议论等，其参与特点是这些活动伴随着积极的思维活动，智力得到较有力的开发）及深层次参与（创造性参与）。一堂课，高中学生所参与的活动也应有一部分属较深层次和高层次参与。

### 2. 创造性思维与创造性教法

要培养学生的创造性思维，教师的教学方法必须具有创造性。教学方法是为了达到教学目的所采用的手段，既包括教师教的方法，也包括学生学的方法。

完善的智育的一个非常重要的条件，就是教学方法、课的结构以及课的所有的组织因素和教育教学因素，都应当与教材的教学目的和教育目的相适应，与学生全面发展的任务相适应。教学方法的优劣，从某种意义上说，决定着教学水平的高低，并直接影响着学生的学习情绪、思维紧张程度以及学生对教材的识记、理解与应用的水平。

（1）创造性的教法的含义

从教学实践中体会到，凡是符合下列原则的教法，可称是创造性的教法。

第一，善于诱发学生的学习兴趣，促进学生主动地、积极地探索知识。

第二，能激发学生积极质疑，提出有水平的问题；并能诱导学生提出问题并进行钻研、讨论，寻求多种解疑的方法，从而得出正确结论。

第三，对学生有创见的答案，给予鼓励，以不断激发学生的创造潜力。

第四，教师在班集体中以一个成员的角色出现，和学生建立平等的师生关系；创建愉快、和谐的学习气氛，使持有不同观点的学生，敢于发表自己的见解；使学习上的后进生，消除自卑心理，敢于参与争论；使每个学生都能得到表现自己的机会。

第五，训练学生具有评价他人和评价自己的能力，发展学生的批判性思维。

第六，鼓励学生不迷信书本，不迷信教师，敢于独立思考，树立追求真理和发展真理的信心和勇气。

把所有的教学方法归为两类：一类是使学生初次感知知识和技能的方法；另一类是使知识得到进一步理解、发展和深化的方法。当然，这两类方法也不是截然分开的。从认知角度来说，识记知识、理解知识、应用知识，是个逐步深化的过程；教师的教学必然是创造性地综合使用多种教法的过程。

（2）三种创造性的教法

①课前演讲的创新。

进行课前演讲是众多语文教师都在进行的一个教学环节，它在提高学生的口头表达能力方面起到了重要作用。教育家叶圣陶先生说："语言训练要与思维训练同时并举。"然而，个别教师却忽视了这也是进行创造性思维训练的良好时机。

②课堂提问的创新。

课堂实践告诉我们，学生思维最活跃的时候，往往是师生提出一些具有启发意义的问题的时候。什么样的提问才能激发学生的创造性思维呢？第一，设想性提问。第二，发散性提问。第三，质疑性提问。

③课型结构的创新。

课型结构指的是一节课的组成部分及各部分之间的联系、顺序和时间分配。它反映一定教材单元体系中一节课的教学过程及其组织。课的结构组成是以认识理论、学生心理特点和教学理论为依据的。如教育家郝尔巴特提出的教学阶段有明了、联合、系统和方法。它的根据是心理学的统觉理论，即当前更明确理解事物意义的心理学理论。我国现阶段课型结构的组成，是以辩证唯物主义的认识论和心理学科学为指导，总结教学实践经验为依据的，力求保证课堂教学的合理性。

### 3. 创造性思维与创造性学法

随着社会的发展，教师的重要任务显然不再是如何传授知识，而是引导学习，帮助学生掌握科学的学习方法。要培养学生的创造性思维，教师不仅要重视研究教法的创新，更重要的是要研究学法的创新。其实学法是教法的出发点，也是教的归宿。结合新课标所提出的"自主、合作、探究"式的学习方法，我们指导学生从以下两方面进行了尝试：

（1）探索"课前预习—课中对话—课后拓展"的互动学习策略体系

①预习引导策略。

实验班从刚一入学就开始培养预习习惯。从读通课文到读懂课文，从读有收获，到读有疑问，分步提高，螺旋上升，最终达到自学语文的能力基本形成。具体讲，该策略的研究内容包括：预习指导的渐进性（要求读清内容—读出思想—读出疑问）。预习资源的开发包括合作资源（家庭式、小组式合作预习）、信息资源（如家庭书柜、教室书吧、学校图书室、校外书店、网络、电视音像材料）等。这种预习策略为学生的独立阅读提供了广阔的空间，不仅有利于适应学生的多元智能，培养自学能力，同时也是充分利用学生个体资源的积极措施，是落实"先学后教"原则的重要体现。

②预习展示策略。

研究中发现，学生经历了充分的预习，都是怀着强烈的表现欲参与课堂活动的，因此有必要创设展示的舞台和交流的平台。所以我们构建了"预习展示策略"，其具体操作步骤是："二读"（自主读通课文、读会生字词）；"三说"（说文章的相关材料、说自己读懂什么、说自己是怎么读懂的）；"一问"（问预习中的疑难问题）。这不仅可以使学生获得成就感，也能使学生之间互相借鉴、互相启迪，从小学会欣赏别人、尊重别人。

③课中对话策略。

课堂上，教师积极鼓励学生敢于提出自学过程中的疑问或困惑，并结合教师个人对教学材料的理解，引导学生筛选有研讨价值的话题，对课文中的重点、难点引导学生展开师生、生生、师生与文本、作者之间的对话研读。课堂上可采取个人自学—小组合作—大组交流等方式，围绕问题展开互动教学。

④课中实践体验策略。

具体做法是，在学习过程中我们根据不同学习内容和语言训练的要求，为学生创设多项互动学习的机会，调动学生的手、口、眼、耳、鼻、脑等多种感官参与语文学习。比如读书竞赛活动、游戏表演活动、歌咏绘画活动、观察欣赏活动、讨论辩论等实践体验活动。"课中实践体验策略"遵循的是"互动—发展""做中学"的原则，以各种形式的互动来解放学生的身心，打破传统教学的沉闷灌输，使课堂焕发出勃勃生命力。

⑤课中语言再造策略。

课中语言再造策略是着力体现"语文学习要促进学生语言发展"这一宗旨，围绕"语文"这一语言训练载体展开听、说、读、写等实践活动，如成语展示会、吟诗会、故事会、想象作文、图文日记、设计校园警示语、为家乡设计宣传广告、写调查报告等，使学生在一种轻松愉快的互动环境中学习知识，发展能力，获得情感、态度、价值观的体验。

⑥课后拓展延伸策略。

互动学习除了学习方式的多维还包括学习空间的多维，不仅在预习、课堂教学环节中体现，还拓展延伸到课后的学习活动。在拓展延伸互动阶段，教师通过设计一些与课堂学习密切相关的活动内容，如查找资料，交流学习方法和体会，合作完成学习任务，参加社会实践活动等，为学生提供了与人、与文本、与生活、与社会、与自然交流的广阔空间，让学生在活动中获得各方面的发展。

（2）培养互动学习的习惯

"互动—创新"学习模式的实施步骤：课堂教学过程中，学生自主预习、自主探究、自主发展，让学生在师生、生生、师生与文本、学习环境等互动学习中，学会学习，学会思考，学会创新。

"自主预习"是前提，它是指预习新知识（包括教材和与教材相关的参考资料）过程中采取同化和迁移的策略，搭建自我认知结构。它是培养学生自学能力的重要途径，也是掌握知识、运用知识，培养创新思维的基础。

"自主探究"是关键，就是指在形成自我认知结构的基础上，用自己向自己提问（或同学之间提问，或师生之间提问）的互动形式，加深学生对知识的理解，沟通新旧知识的联系，培养学生分析和解决问题的能力，它是师生对自我认知结构进行检验的关键。

"自主发展"是通过师生、生生、师生与学习环境等多维互动，解决各种疑问，让学生形成独特见解，培养研究型、创造型人才，这是互动学习模式的最终目的。

"自主预习、自主探究、自主发展"，是一个既相互联系又逐步递进的认知发展过程。

"互动"是把教学活动看成一种人际交往的信息动态生成过程，是必须借助于多种媒体形式来实现的，它不仅要求师生动口、动手，更要动情、动思，把肢体、思想、情感的"互动"与文本、作者、环境的"互动"有机结合起来。在建立师生平等的情感基础上，采用师师互动、师生互动、生生互动等多种互助合作方式，优化教师与学生、学生与学生之间的交往，促进学生个体主动地学习、创造性地发展。"互动"不仅渗透在授课过程中，还包括课前、课后的互动。

# 第三章 高中语文双课堂教学方法

## 第一节 语文双课堂教学模式定义

### 一、认识双课堂

双课堂就是指两个课堂：一个是在班级教室进行的"现实的课堂"，是实体课堂，我们称为线下课堂；一个是在互联网平台上进行的"网络课堂"，是虚拟课堂，我们称为线上课堂。线上线下两个课堂各有特点，各有作用，它们的教学过程在教学内容、教学形式、教学效果上各有不同，但是可以相互补充，相互配合，相互发展，形成教学过程的组合，促进教学效果的提升。

这种综合运用线上课堂与线下课堂的教学方式，就是双课堂教学模式。

### （一）线上课堂

线上课堂是双课堂教学模式中通过互联网平台建立起来的虚拟课堂，这种课堂更类似于论坛的形式存在。参与课堂学习的全体成员空间与时间上都不在一起，但是都可以在论坛中交流、讨论、发表观点，统一通过文字进行表达。在这样相对封闭的论坛中，教师根据教学内容建立一些学习栏目，或者发布一些学习任务，引导学生对任务进行思考，提出自己的问题或者分享自己的理解，从而使这样一个互联网平台成为一个教学讨论场。讨论者包括教师和学生，因为是在互联网平台进行讨论，所以发言的任何一方都只是讨论活动中的一员，讨论者可以通过对论坛中一些主题帖子的回复、点评，来表达自己的观点，从而形成彼此交流、分享的空间。

### （二）线下课堂

线下课堂是实际教学中教师在教室里创设的课堂，师生可以当面交流和分享，是我们传统课堂的形式。在这样的课堂中，教师和学生处于同一空间、同一时间，面对同一问题进行交流。这是真正的实体课堂，是在网络下的课堂。在线下课堂中，教师可以根据线上课堂出现的问题、遇到的困难、核心的焦点等，进行面对面的交流探讨，使讨论更加聚焦，更加有针对性，从而使讨论更加直接和有效。线下课堂的教学组织形式与传统课堂相似，只是教学的内容更加侧重在师生间、生生间的交流与辩论，促进学生深度学习的发生，使线上课堂的讨论能够更进一步，逐步形成更加明晰的结果，或者促进线上课堂讨论内容的深度推进，使学生能够更加充分地学习。

## 二、双课堂的内部关系

明确双课堂的具体定义后，还需要关注构成双课堂教学模式的诸多要素之间的关系，即线上线下教学内容之间、教学方式之间、教学组织形式之间、教学成果形成之间的关系，这样才能更加深入地认识语文双课堂教学模式。

### （一）线上线下教学内容的关系

语文双课堂教学模式从教学内容来看，各有侧重，互不相同，又相对统一。线上课堂因为依托互联网平台进行，所以教学内容偏向知识化，引导学生初步认识，整体了解，深入辨析，通过互联网平台内容或任务的发布，引导学生关注所学的知识，不断结合自己的认识对问题进行思考，全面把握所学的知识。当然，线上课堂重在突出学生的主动性，凸显学生的主体地位，引导学生通过线上课堂来补充知识，巩固学习方法。比如，在进行《西游记》名著阅读时，教师引导学生对自己提出的问题进行探讨，全体成员集思广益，共同寻找答案，引导学生充分利用自己的网络优势，在线上课堂不断丰富所学，达到熟悉教学内容、提升整体认识的目的。

线下课堂的教学内容一般来说是依托线上课堂的数据反馈，或者学生的困惑点、问题点、争论点、错误点等开展的设计。因此，线下课堂是对线上课堂的精细处理，是对线上课堂教学内容的丰富、纠偏、解答、引导。线下课堂通过对线上课堂教学内容的重申和拓展，或者进一步挖掘，使学生更扎实地掌握教学内容，更熟练地掌握相关的方法和技能。

双课堂的教学还可以先进行线下课堂的教学，再到线上课堂进行讨论和分享，线上线下课堂的教学内容是相互补充、相互依托的状态，两者形成有机的整体，共同引导学生发展思维，学会学习，提升语文能力。

### （二）线上线下教学方式的关系

线上课堂的教学方式重在引导学生依托互联网平台，围绕教师发布的任务或者思考题进行文字的讨论、交流，教师在整个过程中主要做的是观察和鼓励：观察学生讨论的内容、表达的内容，以及关注的重点和辩论的焦点；鼓励学生能够更加理性、明确地对任务或者问题进行思考，鼓励学生更加有效地表达，即有根据、有逻辑、有分析地发表自己的观点，形成文字表达。总之，线上课堂的教学方式重在引导学生充分交流，树立交流的自信。比如，在《西游记》名著阅读的教学中，面对学生在互联网平台上的讨论，教师更多的是给提问精彩的同学以及回答精彩的同学点赞、献花，鼓励学生继续努力，引导全体成员关注这些精彩的发言和评论，用教师的肯定来激励学生更加深入地讨论和交流。

线下课堂的教学方式重在引导学生能够勾连自己所掌握的知识，聚焦要讨论的核心问题，进行口头表达，同时引导学生面对面地现场交流，强调相互倾听，强调现场思维的进阶，强调在同学表达的基础上能够进一步思考，从而形成更加全面、新颖的观点。通过线下课堂高频率的交流和接触，师生在课堂上平等交流，巩固所学，发现新知，形成方法，提升能力。教师在线下课堂更多的是充当引导者的角色，在课堂讨论、辩论的过程中，引导学生关注内容的深入，关注分析方法的巩固，关注思维的发展。教师在课堂上成为讨论的组织者和学习节奏的把控者，适时引导学生有效聚焦讨论的要点，有效提升线下课堂的效率。比如，在《西游记》名著阅读的教学中，教师在线下课堂引导学生聚焦讨论"唐僧是否啰唆"的问题，引导学生发言，关注学生的思维状态，促使学生从散点思维的表达方式，逐步发展到分类思维的表达方式，侧重学生语文能力的训练和提升。当然，在讨论中教师也要特别关注学生表达观点时的分析依据，引导学生有理有据地进行表达，而不是主观臆断。

## （三）线上线下教学组织形式的关系

线上课堂教学的组织形式主要是引导学生在互联网平台发表自己的看法，尤其是针对教师发布的任务、问题，进行深入的探究。同时，因为是在互联网平台上进行教学，所以需要引导学生及时对其他同学发表的观点、看法以及思考、感悟进行回应，可以是简单的点赞、献花，也可以是点评和回复。线上课堂教学组织的重要任务是激发起学生发表观点和点评的兴趣，使学生在规定的栏目内容中进行热烈的讨论。

线下课堂教学的组织形式主要是引导学生把线上课堂讨论的焦点问题，搬到线下课堂进行面对面的交流。教师需要关注讨论小组的安排，根据实际的教学内容和预期的教学效果，以及学生在线上课堂的表现，将讨论小组分为同质小组或者异质小组；然后根据小组的特点来分配讨论任务，促使课堂上的讨论更加高效，讨论成果更加深入，提升学生的分析能力。教师组织教学时需要注意讨论、交流节奏的把控，引导学生参与讨论，不断提高线下课堂教学的效率。在线下课堂，教师是教学活动的组织者和引导者，通过课堂教学的组织，激发学生学习的兴趣，达成教学目标。

## （四）线上线下教学成果形成的关系

双课堂教学成果的形成，是线上课堂与线下课堂双重作用的结果。线上课堂一般发挥拓宽视野的作用，引导学生针对问题、任务，开阔思维，集思广益，打破时间、空间的限制，推动教学成果的形成。线下课堂一般来说重在解决线上课堂不好解决的问题、任务，由教师引导，学生以组为单位，完成更加深入的思考和探究，促进教学成果的形成。

一般来说，双课堂的教学成果多是一些问题的探讨，师生合作，共同解决；还有一些是任务的完成，师生共同完成语文教学方面的任务，创造线上课堂与线下课堂综合学习的独特的学习成果。

## 三、双课堂的本质

语文双课堂教学模式，充分发挥互联网平台的优势，打破时间、空间的限制，充分发挥互联网平台即时性、互动性、开放性、便捷性等特点，打造全新的线上课堂，使学生在相对安全的环境中提出问题，一起讨论、探究问题，一起寻找资料分析问题，在互联网平台上不断碰撞各自的想法和思考，促进思维的发展。学生在线上课堂的讨论中暴露问题、遇到难点的时候，教师适时抓住契机，结合知识点、能力点，引导学生在线下课堂进行面对面交流，达成教学目标后，继续开展线上课堂的教学，使整个的语文教学形成一个不间断的链，这样可以始终将语文课渗透在学生的生活中，始终对学生进行全方位的语文教育。

语文双课堂教学模式的本质就是打破语文课堂的时空限制，形成不同形式的有效的教学组合，从而促进语文教学活动的深入开展。

# 第二节　语文双课堂教学模式特点

语文双课堂教学模式，因其本身独具特色的线上线下课堂的组合，使语文教学形式更加丰富多变，无论是学生还是教师，都能在这样的教学模式下收获很多，感受到语文课中思维碰撞的火花，以及精彩的思辨展示。

总体来看，双课堂的教学容量之大与密度之高是前所未有的，因为结合线上课堂的充分交流后，学生之间形成多点对多点的思维碰撞，推动课堂的教学效果越来越好。

## 一、语文双课堂与语文传统课堂的区别

### （一）突破时空限制，促进全员参与

传统课堂教学过程中，往往出现讲到关键点时一节课就结束了，或者快要下课时，学生才鼓起勇气提出问题，这种情况教师继续讲课不合适，立即下课也不合适，比较为难。但是在双课堂教学模式中，这种问题可以较好地解决。教师引导学生把自己的疑问和没有表达出来的思考发到指定的互联网平台，全体学生一起查看，并参与讨论交流，也就是说，线下课堂没有解决的问题，我们转移到线上课堂进行，而线上课堂不受时间、空间限制，学生可以随时随地把自己的想法和思考发布到互联网平台，其他学生可以随时随地到互联网平台查看同学们的发言，同时可以把自己的想法回复到同学发言下方的评论中。这样往复进行，学生发言的积累就会越来越丰富，形成一个围绕核心问题的讨论群，参与者是全班同学，从而促进学生在语文课后继续思考问题，发表观点。线上课堂确保针对线下课堂的问题进行持续性探究，学生讨论、争辩的问题从线下课堂引申而来，形成全员参与、共同探究的氛围。

比如，在进行《西游记》名著阅读时，学生在学习"大闹天宫"的内容后，提出"孙悟空到底是神还是妖"的问题，因线下课堂临近下课，无法引导学生展开探究，于是教师把问题延伸到线上课堂进行讨论，全体学生讨论的热情高涨，互联网平台回复问题的帖子很多，学生纷纷发表自己的想法，在线上课堂形成讨论的热潮，越来越多的学生能够在浏览前文回帖的内容后或阐述自己的想法，或表达自己的质疑，或援引原著的内容佐证。学生阅读名著的热情和探究问题的积极性被充分激发出来，使线下课堂无法实现的交流在线上课堂得以继续进行，提出的问题得以圆满解决。

### （二）记录学生思维发展，形成系统学习成果

传统课堂的一个特点是师生面对面交流，所有的对话和交流具有实时性、情境性，不易记录。有些语文教师会把自己上课的过程全程录音录像，课后进行整理，形成师生的对话录，最大限度地再现课堂教学的现场，不过这些记录是紧紧围绕教师这一中心进行的。

语文双课堂教学模式，尤其是线上课堂的开辟，天然且有效地开创了学生发言的实时记录，因为在互联网平台，学生需要通过文字来发表自己的观点，学生围绕核心问题（或任务）开展的所有讨论，都可以展示出来。同时通过整理学生的发言，展现学生对诸多问题参与的讨论，以及利用互联网平台的大数据分析，可以长期跟踪学生发言的变化，关注

学生思维能力的发展与提升，从而形成系统的学生思维发展报告，形成学生学习成果的展示，有利于教师对学生的了解和分析。

线上课堂的文字记录与线下课堂的实时交流，促进学生不断完善自己的观点，形成自己对一些问题的认识。教师在布置作业的时候，学生可以将这些作业直接发布到互联网平台中，从而形成全面的学习记录并长期保存，师生可以随时查阅，随时调取，这是传统课堂无法实现的功能。语文双课堂教学模式进一步提升了教师教学、学生学习的效率，促使学生在互联网平台更加严肃、更加系统、更加认真地面对需要学习的内容和进行探究的任务，逐步形成自己的学习成果，获得语文学习的成就感。

## （三）平等交流，充分尊重学生个性化表达

一方面，语文传统课堂特别重视师生间、生生间的交流，但是囿于时间，不可能让每个学生都表达自己的观点，也不可能让每个学生都有充分的时间思考。教师虽然鼓励学生发言和交流，但是因实体课堂的各种限制，对学生充分交流的支持还是有限的。语文双课堂教学模式同样讲究充分交流、平等交流，不同于传统课堂的是，学生有充分的思考和准备的时间。线上课堂中，任何学生只要有自己的想法，都可以发布在互联网平台，学生的发言无论严谨与否，都可以得到同学的尊重，收获同学的评论或者献花，在这样一个相对安全的环境中，更有利于学生表达自己的思考，更容易出现精彩的思考和观点。

另一方面，学生因为个人的积累和思考速度各有不同，思考问题所需要的时间不同，所以传统课堂中往往是反应快、思维灵活的学生表现突出，思考慢一点的学生没有发挥和表现的空间。线上课堂中，无论快慢，学生都可以充分思考，然后郑重地发表自己的观点，不会受其他先发表观点的学生影响，这样确保了学生充分地表达观点，展示个性化的思考，丰富互联网平台中的表达内容。从这一点来看，线上课堂为班级不善于口头表达的内向的学生提供了一个良好的表达平台，同样可以展示他们的思考能力和高质量的观点。

在互联网平台的发言往往出现一种情况，平时在线下课堂不经常发言的学生，在线上课堂的发言质量非常高，可以感受到这些学生是经过慎重思考后，精心进行的文字表达，而这些学生的性格可能更适合通过文字表达观点。

在线下课堂的教学中，热衷于课堂讨论交流的积极分子大都是善于口头表达、思维敏捷、性格趋于外向的学生，这些学生乐于现场表达，有一定的表现欲望，口语交际能力比较强，这样与线上课堂性格趋于内向的学生的突出文字表达形成互补，使语文教学关注到的学生更加全面，更能够创设平等交流的平台，真正做到充分尊重学生个性化表达。

### （四）充分交流，实现多点互动

传统语文课堂的特点在于整节课在教师引导下围绕核心问题进行讨论，在讨论的过程中，多数是学生回答教师的问题，是学生与教师之间的对话，很难在课堂上进行广泛的学生与学生之间的交流和沟通。

语文双课堂教学模式大大弥补了传统课堂生生间交流的缺陷，尤其是在线上课堂，生生间交流更加充分。线上课堂是在互联网平台开展的，因此学生之间的交流是通过发言、评论等方式进行的，所有的文字是公开的，全体学生都可以查看，并进行点评和回复，充分体现互联网平台的开放性特点。学生之间的观点交流以及对问题的深入讨论都是面对全体学生进行的，只要学生有自己的想法，或者赞同，或者反对，都可以在互联网平台表达出来，从而形成一个大型的讨论共同体，彻底改变传统课堂中以教师为中心的单向讨论，成为以学生为中心的讨论场，甚至可以成为以多个学生为中心的多点讨论场。在这个讨论场中，教师只是其中一个参与讨论者，并作为观察者、问题收集者、教学内容发现者，了解具体情况，及时收集数据，及时发现问题。

语文双课堂的线下课堂，一方面保持着传统课堂的讨论方式，另一方面学生因为有前期线上课堂的讨论基础，在线下课堂进行交流时，更有准备，更加深入。线下课堂的讨论交流，在教师的引导下，依旧是学生之间的讨论与辩论，教师作为其中连接的纽带，是主要方法与重要内容的提炼者，也是重要知识的强化者。

因为学生之间的交流更多、更充分，所以他们在整个学习过程中的收获更大，对问题的理解也更深刻。

## 二、语文双课堂教学模式的特点

### （一）教学开展的灵活性

语文双课堂教学模式最突出的特点在于语文教学的灵活性。在开展语文双课堂教学期间，线上课堂是持续进行的，学生可以随时随地发言、点评、讨论，整个的课堂教学是教师引导并推进的，因此教师需要时刻关注学生在线上课堂讨论的重点和焦点的变化，及时发现问题，及时引导讨论方向。

如果说线上课堂是一条持续的线，那么线下课堂就是线上一个一个的点。一方面，线下课堂的教学内容是随着线上课堂讨论的变化而调整的，线上课堂的讨论是依托学生发言和评论的变化而变化的，在这个过程中，教师需要灵活关注学生的状态，灵活把握学生的问题和焦点，及时进行引导。另一方面，线下课堂通过教学引导和把控，可以调整线上课堂讨论的方向以及讨论的方式方法，从而提升学生讨论的质量，发现更有价值的讨论焦点。

在实际的教学过程中，教师需要积累更多的知识储备，浏览更多的相关资料和文献，只有这样才能跟上学生讨论的节奏，才能理解学生的难点、痛点、困惑点、错误点，从而对学生进行有效的引导和组织，必要的时候对学生的思维方式进行纠正。

## （二）交流互动的多样性

语文双课堂教学模式综合线上课堂、线下课堂，学生讨论的形式因交流媒介的不同，呈现出多样性的特点。

线上课堂的讨论不仅集中在学生提出的学习问题，还会出现在学生对一些认识的阐述，对部分观点的评论或者反驳。通过互联网平台，学生之间的交流逐步呈现出提问、阐述、评论、反驳、描述、分析等交流形式，促使学生不断丰富自己的表达内容和表达方式。在实际的辩论、讨论、附议等形式中，学生不断感受各种表达效果，在训练文字表达的基础上，使自己的思维方式更加活跃，从而实现学生之间的相互学习和相互影响。

在线下课堂的教学过程中，学生的发言和讨论在线上课堂交流的基础上更进一步，不断加强对文献资料的援引，不断提升发言的权威性，使自己的观点更具说服力。同时，在实际面对面的交流和辩论中，学生更加注意内容的逻辑性和表达的先后次序，使自己的发言更有质量。

这些方面的变化源于学生在语文双课堂教学中不断积累经验，不断从实际讨论、辩论中调整思维路径。

## （三）教学活动的主动性

语文双课堂教学模式借助互联网平台，使学生成为整个教学活动的评价者，大大激发学生参与教学活动的兴趣。线上课堂讨论的问题，更多的是学生自己提出来的，在解决实际问题的过程中，更多的也是学生自己探究的。这样的学习过程，使学生的成就感更强，自主意识更强，学习的主动性、积极性也更强。

不仅如此，学生还可以在线上互联网平台、线下实体教室分享资源和收获，促使学生成为资源的占有者、分享者，讨论问题的制造者，以及探究问题成果的发现者，充分体现出"赋权学生"时代的特点，使学生在双课堂学习的过程中不断获得价值感，感受到学习新知识的幸福感。

无论是线上课堂引领讨论的方向和潮流，还是线下课堂引领深度学习，都极大地促进学生学习的主动性，使他们的语文学习更具刺激性和成就感。

## （四）师生形成学习共同体

在语文双课堂教学过程中，无论是线上课堂，还是线下课堂，因充分开展讨论交流活动，会出现一批观点一致的学生。这些学生在一起不断论证和完善自己的观点，有文献一起分享，有发现一起交流，逐步形成对某一问题认识的共同体。这样的共同体在线下课堂可以方便地形成同质讨论组，进一步强化小组的主张，使自己的观点不断丰富，最终形成学习成果。

随着不同问题、任务的讨论，学生会随着观点的变化而出现不同的组合变化，这样使得形成的共同体更加富有活力，共同体内部的构成也更加丰富，学生不同的思维方式得到不同方面的补充，从而实现更加充分的交流。

从整个教学活动来看，教师引导学生讨论一个问题，全体学生聚焦在问题的探究上，不断发表自己的看法、发现，以及在互联网平台搜索到的文献，无论观点是否相同，这样的活动本身就引导学生形成一个学习共同体。学生在这样的教学组织形式下相互交流，相互探讨，不断加深自己的认识，这也是学习共同体的形象体现。

## （五）思维发展的系统性

语文教师应关注学生思维能力的培养，学会用工具撬动思维。从求同思维的培养到求异思维的引导，从批判性思维的开发到辩证思维的形成，语文教师需要在实际教学中潜移默化地培养学生的思维能力。语文双课堂教学模式，充分尊重学生原有思维的起点，从引导学生提出问题开始，逐步发展到分类阐述观点，然后到辩证思考、综合运用的表达，都是通过线上线下课堂的教学不断引导、发展的。学生在语文双课堂学习中，通过不断发言，不断浏览同学的发言，不断与同学进行讨论，不断阅读相关文献，逐步提升自己的思维能力。学生对问题的讨论、分析，在线上课堂通过文字表达，规范内在的思维路径，在线下课堂通过口语表达，形成现场思维组织能力，两个课堂相互作用，使学生思维发展更加系统，思维能力更加缜密。学生思维能力的培养是一个长期的过程，需要通过不断交流，加强思维锻炼，使学生具备独立思考问题的能力。

在实际教学中重视学生思维品质的提升，通过任务、问题的设置，引导学生相互学习，既是语文双课堂教学模式的突出特点，又是语文教学培养学生的重点。

# 第三节　"互联网+"语文双课堂教学模式实践

互联网作为资源平台、学习工具、交流场所，逐步应用到教育领域，互联网的即时、便捷、灵活、开放等特点，越来越受到教育者的青睐，那么如何有效地将互联网的优势融入课堂教学之中？

名著阅读作为语文课的重要内容，引起了语文教师的高度重视。在有限的课时内，如何引导学生对名著进行阅读，如何激发学生的阅读兴趣，如何有效地监控学生阅读的过程，如何深入地引导学生理解名著的内容和主题，"互联网+"名著阅读教学会有怎样的效果？

以《西游记》名著阅读教学实践为例，下面是教师借助互联网平台，创设双课堂，进行名著阅读教学的尝试。

## 一、引子：从一道名著填空题说起

学生曾经做过关于《西游记》的名著阅读题，其中有一道填空题要求这样作答："孙悟空大闹天宫后，被如来佛压在（　　）。"这是一道很简单的常识题，正确答案是"五行山"。但是很多学生填成"五指山"。在分析试卷时，教师百思不得其解，询问后得知做错的学生大多数是因为看了动画片，其中一个情节就是孙悟空被压在山下，封条赫然写着"五指山"，很显然这给学生造成了误导。

从这一点，教师发现，关于《西游记》的内容，学生多多少少有一些错误的认识，我们有必要在语文课堂上引导学生回归原著的阅读，感受经典名著的魅力，体会作者要表达的主题。

于是，我们把这节课设计为基于"互联网+"进行的名著阅读指导。

大部头的经典名著需要长时间的阅读周期，这节课其实只是这个周期中的一个点，侧重引导学生在阅读名著时的思维过程，指导学生形成边阅读边思考的读书习惯，激发学生深入探究的兴趣。

## 二、课前的准备工作

### （一）整本书阅读以活动（任务）为载体：激发兴趣

越是通过"小组讨论""做中学/实际演练""教别人/马上应用"等方式学习，效果越好。因此整本书阅读的教学，应调用资源，设计一些活动，引导学生在阅读中/阅读后能够通过参与阅读的相关活动，激发进一步阅读文本的兴趣，从而更加深入地阅读文本，理解名著内容。

**活动一：品析卡的填写。**

通过活动（任务）设计，梳理作品人物关系，初步认识作品内容。

基于学生对《西游记》的整体初读，教师设计了填写品析卡的活动。品析卡是引导学生对作品人物、情节进行梳理而专门设计的读后总结的表格，目的是通过填写表格中的项目，引导学生回顾名著的重点内容，梳理人物关系，形成连贯的结构体系，把握名著的主题。

品析卡的填写，重在自主阅读时，整理作品中的人物关系，梳理小说的情节，关注并赏析吸引自己的重点情节或段落，初步形成自己对名著作品的认识。

品析卡可以填写纸质版，学生利用课余时间完成，在班级展示，创设班级阅读氛围，形成充分阅读名著的影响力。也可以填写电子版，学生借助互联网评价反馈即时、显性的特点，充分发挥互动优势，将表格发布在互联网平台，其他学生通过浏览、点赞、评论，直接、即时地与发布者进行沟通和交流。通过互联网平台的数据反馈，教师整理出热门帖子和优秀作品，作为对学生的鼓励。

**活动二：百题竞赛的开展。**

通过活动（任务）设计，引导学生关注名著内容的细节，通过自出题，形成常识题库，丰富学生的认知。

在初步阅读的基础上，教师进一步引导学生关注《西游记》中的一些基本常识，让学生在立足原文的基础上，自己出一些选择题。学生之间可以相互交流，相互补充阅读时的盲点，然后班级筛选出质量比较高的题，形成测试卷，对全体学生开展《西游记》百题竞赛，主要考查基本常识。目的是引导学生细致地阅读原文，除了关注主要情节，还要关注细节等其他内容。

百题竞赛的活动，从学生阅读名著内容，到自命题，互相交流，再到自选题形成题库，最后到自组题形成试卷，整个过程充分调动学生的积极性，试题侧重在基本内容、基本常识方面，明确名著的阅读重点，发挥互联网平台开放性、便捷性的特点，使学生成为名著阅读活动的推动者，也使学生成为名著阅读活动的参与者和受益者。

**活动三："大话西游八十一难"的展览。**

通过活动（任务）设计，梳理作品的情节，抓住重点。

在学生既关注情节，又关注细节之后，教师引导学生以小组为单位，合作画出唐僧从长安出发后一路上遇到的"八十一难"，要求学生既要标出地点、遇到的妖怪，又要标出妖怪的法器（兵器）、如何被降伏的等内容，引导学生在长篇阅读中不断地进行提炼，形成结构化的阅读思路，巩固重点内容，初步形成自己对全书内容的认识和把握。

"大话西游八十一难"的活动，旨在引导学生简洁地把握名著的故事情节，清楚地了解书中的重点回目和内容。当把所有作品发布到互联网平台后，学生在展示和欣赏各组作品的同时，可以复习重点内容，梳理出前后脉络，加深印象。

**活动四：拍摄《西游记》某一回目的微电影。**

通过活动（任务）设计，深入重点段落回目，形成自己的认识与理解。

从初读《西游记》的预热，到拍摄以尊重原著为前提的某个回目的微电影，学生热情高涨，纷纷投入微电影的编剧、表演、拍摄、配音、后期制作等环节，一部部鲜活的作品应运而生。学生在"必须尊重原著"的前提下，解读着、思考着作品，并用自己的方式表现着、演绎着自己对作品的认识和理解。

微电影的拍摄与展示，侧重引导学生回到原著内容，深入把握情节，细致分析人物形象，通过团队合作，展示小组对情节和人物形象的理解和把握。借助互联网平台的灵活性，学生广泛收看，参与点评，通过网络投票的方式选出最佳影片，加深了对全书内容的认识。

整本书阅读活动（任务）的开展，一般通过线下课堂布置任务，明确活动要求，然后通过线上课堂（小组合作等方式）进行活动（或完成任务），发挥互联网平台即时、便捷、灵活的特点，激发学生的自主性，对学生进行集中引导，从而形成名著阅读的共同体。

## （二）整本书阅读以质疑为基础：引发思考

"学贵有疑"，在整本书阅读中同样如此。学生在阅读中提出疑问，是对名著内容深入思考的体现，标志着阅读由了解认识的层面，深入整合信息、综合思考的阶段。

在名著阅读教学中，教师通过示范，引导学生有效地提出问题，细致地分析问题，良好地解决问题。

**第一步：课前问卷调查。**

通过互联网平台，发布教师问卷调查，引出学生的质疑。

以充分的名著阅读和活动为基础，本节课开始引导学生回归文本本身，整理自己在阅读中产生的疑问，无论是主要情节方面的，还是人物形象方面的，抑或小说细节方面的，只要有疑问就可以提出来，然后全体学生一起解决。

上课前，教师借助互联网平台对学生阅读《西游记》后产生的疑问做前期调查，学生需要提前在互联网平台完成问卷。主要目的是引起学生对名著内容的思考，引发学生的质疑。

一个晚上的时间，全体学生一共提出 56 条疑问，这些疑问饱含有意思、有价值的思考。更令人意想不到的是，在学生提出疑问后，马上就有其他同学对提问进行解答。于是在互联网平台上，学生之间自发地形成互相解答问题的热潮，针对问题谈自己的想法和理解，最后形成 160 条有效答案。从这两个数据，我们可以感受到学生在进行前期调查时，对《西游记》内容理解及质疑的兴奋程度。

借助互联网对学生进行问卷调查，是获取学生读后反馈的最佳途径。互联网平台能面对所有学生进行反馈，能关注到学生的个性需求，能有针对性地收集学生在阅读中的困惑。教师可以借助互联网平台对学生阅读的情况准确地把脉，夯实诊断基础，根据学生的反馈，及时进行教学内容及教学重点的调整和安排，为学生提供更适合的教学策略。

**第二步：互帮互助，解决疑问。**

通过互联网平台，发布教师微视频，引导学生探究分析问题。

在学生提出疑问后，教师又借助互联网平台，发布了《美猴王到底美不美?》的微视频，视频中展示了教师在面对自己提出的疑问后进行一系列探究，最终得出结论的过程，并总结出探究疑问的思维过程。

于是学生按照这种方法，尝试着解决了很多问题。目的是引导学生关注教师对疑问的解决方式，认识到阅读名著要整体思考，把握内容，通过"提出自己的疑问—回到重点回目—勾连前后情节—具体分析—借助网络文献—得出结论"的方式，形成自己的理解。简单地概括就是引导学生通过"质疑—探究"的方式，在阅读名著时学会独立思考，培养独立提出问题并解决问题的能力。

教师借助互联网平台发布微视频，在微视频教学内容的基础上，学生模仿教师的方法在应用中进行学习，使整体教学从教师的"教"转变为"促进学生学习"。当学生把对问题的探究和分析发布到互联网平台，就形成多点对多点的学习场，在这个学习场中，学生既是问题的提出者，也是问题的探究者和回答者。借助互联网，全体学生与教师形成一个深入的思维碰撞场，在文字的交流中，推动问题的研究和成果的生成。

## 三、课堂上的讨论与探究

### （一）整本书阅读以思维训练为目标：深入探究

在课前充分预热和讨论后，教师在课堂上引导学生进一步探究，立足原著文字，快速梳理，形成自己对一些问题（误读）的认识，形成依据文本的解读。

一方面，教师引导学生运用海量资源，进行有辨别的梳理和使用，建立起《西游记》相关文献的资源库。

学生在解决疑问的过程中，随手建立起文献资源库，经过初步筛选，资源库中的文献更有针对性，基本符合学生的阅读认知水平。

在互联网平台，教师在引导学生充分占有海量资源的同时，有意识地培养学生驾驭海量信息的能力，使学生从名著相关的评论或者文献中，了解学者的观点和主张，结合自己对作品中人物、情节、主题的阅读，形成更加全面和深入的认识。

另一方面，教师引导学生通过对感兴趣的问题进行投票的方式，形成合作探究的小组，共同研究感兴趣的问题，同时利用"E人E本"现场检索文献，形成本组的研究成果。

**第一步：通过问题投票，形成探究小组。**

借助互联网平台，学生通过投票的方式形成探究小组，为线下课堂的组织奠定基础。在线下课堂中，有共同兴趣与探究方向的小组展开讨论，思维碰撞更加丰富，小组成员更有归属感和价值感。

**第二步：小组合作，探究问题。**

学生通过自主选择，形成探究小组后，各小组利用线下课堂有限的时间，按照微视频"质疑—探究"的思维方式，分工协作，形成合力，探究问题。

在整个讨论的过程中，学生比较忙碌，他们充分利用自己手里的"E人E本"，与同伴进行讨论、争论，然后形成结论。短短的讨论时间并不能支持各个小组得出最终的结论，设计本环节的主要目的是引导学生回归原著文本，结合互联网平台的海量资源，通过阅读、比较、甄别、讨论、达成共识等活动，有效地利用网络，形成自己的认识和结论。学生可以通过这个思维活动，感受"依据原著—借助文献—分析甄别—形成结论"的探究过程。

线下课堂重在师生间、生生间面对面的交流和探讨，教师通过对学生讨论环节和思路的强化和规范，引导学生有根据、有方法地进行探究，引导学生有效地利用线上课堂所学，形成自己的认识和观点，并与其他同学进行交流和碰撞，在小组中达成共识。

**第三步：小组发言，其他同学质疑。**

在短暂的讨论探究之后，小组要在课堂上分享讨论成果。以小组为单位，发言人代表本小组分享结论，其他组可以质疑，从而形成一种在课堂上的思维碰撞。

第一组研究的问题是"沙僧的武器到底是什么？跟沙僧形象有什么关系？"，因为小组成员较少，研究的成果停留在沙僧的武器是"降妖宝杖"，对于沙僧的形象，更多的人认为体现了他的憨厚踏实。

这一组的优点在于，小组成员能够把问题还原到原著的具体回目之中，能够找到具体描写沙僧兵器的诗词，并能够整体解读。

第二组研究的问题是"你挑着担，我牵着马……"，这歌词里挑担子的，在原著中到底是谁？体现人物什么特点？全组的探讨聚焦在到底是沙僧挑担还是猪八戒挑担的问题上，最后他们认为应该是沙僧挑担，并勾连前后情节，重点分析了沙僧的形象。

这一组在汇报后，受到其他组的强烈质疑，因为原文有明确的记录，应该是猪八戒挑担。

第三组研究的问题是"唐僧到底啰唆不啰唆？试分析其人物形象"，小组讨论的结果是：唐僧既啰唆又不啰唆，关键是从哪个角度和方面来看，并结合原文内容和前后情节充分阐释了理由，这个小组的辩证思维初步显现。

第四组研究的问题是"取经路上，妖魔们有后台的（与天神有关系的）都没事，没有后台的都被打死了，是这样吗？"，这一组因为成员比较多，所以又分成三个小组，其中第一个小组整体讨论得比较深入，也比较出彩。他们认为，路上的妖精分成三类：一类是宠物类，一类是关系户类，一类是草根类。这三类都有不同的代表。此外，还有牛魔王等特殊情况，分类思维明确，有明晰的观点，有理有据，得到了全体学生的认可。

在这个环节中，教师重点关注学生思考问题的思维方式，重在引导学生充分调用与名著相关的资源，有效地分析问题，形成自己的观点，并简洁明确地进行表达。

## （二）各组汇报发言的思维分析与评价

线下课堂四组讨论成果的汇报，呈现的分析思维有明显的不同。第一组在阐释观点时，呈现的是散点式的思维表达，整体思路比较乱，虽然也是按照微视频指导的方法进行分析，但是思路仍需要进一步规范。第二组在阐释结论时，有明确的观点，有思维的先后顺序，因果推理比较明确，但是因组员少，讨论时间短，对问题的认识不够深入，找到的文本证据不够丰富，容易受到其他同学的质疑。第三组的汇报，可以看出运用了"质疑—探究"的方式，还展现出辩证统一的思维，值得向全班进一步推广。第四组在汇报时，对取经路上的妖精进行了梳理和分类，有理有据，显现出分类思维的状态，值得大力倡导。

一节课的时间非常短暂，这四个问题的提出都建立在平时人们对名著的错误认识的基础上，所以这节课只是解决误读的一个引子，真正的探讨和思维碰撞需要在课下的互联网平台完成。

在线下课堂中，最重要的是在教学现场的学生之间、小组之间的互动，在发言与质疑的环节中，充分激活学生的思维，围绕名著的重点问题，形成讨论的焦点，为之后线上课堂的进一步研究提供资源。

## 四、课后的探究

课后，全体学生在互联网平台上又自发地针对课上提出的这四个问题进行了更加深入的讨论。

其实，这些问题在《西游记》的研究领域一直有争论。学生的探究无论是怎样的结果，只要是建立在原著的基础上，结合原文进行分析，有甄别、有选择地运用文献来佐证自己的观点，名著阅读的思维指导就已经完成。

借助互联网平台，教师在名著阅读的教学中更加侧重于"名著阅读的学习过程"的设计，更加关注"名著阅读课外活动"的设计，使线上线下两个课堂共同发挥作用，形成正式学习与非正式学习互补与并存的局面，逐步拓宽学生的视野，挖掘学生思维的深度。在语文双课堂教学模式下，教师重点关注学生的思维，引导学生充分运用知识与积累，形成清晰的有逻辑的思维，培养研究能力。

## 五、关于整本书阅读的思考

对于《西游记》这一类脍炙人口的名著，教师引导学生阅读时，很容易出现学生不愿意读、不屑于读的情况，因为书中的很多故事、很多人物形象都是学生耳熟能详的。但是学生对这些信息的获得，大都不是从原著的阅读中来的，而是依赖于影视、评书、故事、连环画等二手媒介。这样学生容易受到二次加工的作品的误导，对原著内容形成错误的理解。教师运用梳理疑问并进行探究的方式，引导学生深入原著文本，感受原著精妙的构思和鲜明的人物形象，逐渐培养学生阅读名著的兴趣，使学生领略到整本书阅读的魅力。

因为整本书阅读，尤其是大部头的名著阅读，内容庞杂，梳理起来比较复杂，所以在名著阅读指导的教学中，往往出现用单篇阅读带动整本书阅读的情况。这样一节课中，学生有阅读的重点，教师有具体的引导，然后观照整本书，这是目前名著阅读的常用方式。

这里之所以将问题设置在整本书内容的基础上，就是希望能探索一条引导学生训练整体阅读思维的指导路径。借助互联网的优势，通过双课堂的设计，教师引导学生通过梳理、把握整本书的内容，进行认识与理解的整合，通过思考、比较，形成自己的质疑，并尝试解决问题。同时，也引导学生依据原著内容，对网络资源进行甄别，去粗取精，为我所用，这样能够促进学生良好思维逻辑的形成，也能够提高学生探究问题的能力，从而提升学生整体的语文素养。

正如叶圣陶先生指出的：读整本的书，不仅可以练习精读、速读，有利于养成好的读书习惯，还可以进行各种文学知识与文体阅读的训练，学生阅读的心理会更加专一，阅读效果也会更好。

# 第四节　语文双课堂教学模式的实施策略及思维培养

## 一、语文双课堂教学模式的实施策略

语文双课堂教学模式，需要教师把握线上课堂和线下课堂之间的互补关系，充分运用两个课堂的优势来开展教学。基于双课堂本身的特性，教师进行教学设计与规划时，需要在教学实施中注意线上课堂不断变化的数据反馈，根据不同的反馈，构思、设计教学目标不同的线下课堂，从而实时、高效地引导学生进行语文的学习。

在实际教学的过程中，教师要遵循双课堂的特点，关注教学实施策略，力求发挥语文双课堂教学模式的作用。

### （一）开放性策略

语文双课堂教学模式的开展依托于教师首先在互联网平台中发布的开放性问题、任务的讨论和实施，因此为学生创造一个开放的平台与环境尤其重要。

#### 1. 开放问题的设置

语文双课堂教学模式开展的原动力，在于教学伊始的开放性问题的设置。一种方式是教师自行提出一个开放性问题，一个能够激发学生探究兴趣和热情的问题。一般来说，这种问题需要教师充分了解学生的学习兴趣点，然后根据学生的状态提出来。另一种方式是教师收集学生自己提出的相关问题，从这些问题中遴选出高质量的有思考力的问题，引导学生探究，或者由学生自行提出问题，并直接选择其中感兴趣的问题自主探究，逐步形成问题探究小组，这样便于激发起学生对教学内容的兴趣，促使学生主动了解所学内容，不断丰富相关知识，形成一定的学习储备。

在设置开放问题的过程中，教师首先要关注问题的趣味性。比如，在进行《水浒传》名著阅读的教学中，教师引导学生关注"水浒众英雄为什么都爱吃牛肉，而其他反面人物只吃鸡鸭鱼肉，唯独不吃牛肉？"，利用趣味性的问题，激发学生探究的兴趣。其次，要关注问题的文本基础。比如，在《西游记》名著阅读的教学中，教师提问："孙悟空到底是神还是妖？"还原到文本中，学生发现孙悟空在遇到熊罴怪进行自我介绍时，明确称自己是"历代驰名第一妖"（第十七回）。难道孙悟空真的是一个妖精？这个问题一提出，学生就迫不及待地回到原著去找答案。最后，要关注问题的设置应该是从多个角度、多个层面都可以找到答案的，没有唯一确定的答案，学生才有不断探究的空间。

### 2. 开放氛围的营造

在语文双课堂教学模式中，学生进行线上课堂的探讨，或者线下课堂面对面的交流，都需要教师努力营造一个开放、宽松、融洽的讨论氛围。只有这样，学生才能够畅所欲言，安全地进行交流，也只有这样，双课堂的特色才能够真正地体现出来。

开放氛围的营造，一方面源自教师对学生的尊重，另一方面也源自学生对学生的尊重。在这样的课堂氛围中，教师需要引导学生在线上课堂学会浏览同学的观点，把同学的观点融进自己对问题的认识中，然后表达自己的观点；还需要引导学生在线下课堂学会倾听，迅速认识并理解同学现场交流的观点和感悟，在同学发言的基础上，逐步形成自己新的观点和看法，然后进行有效的表达。

开放氛围的创设需要对参与语文双课堂教学的多方给予更多的尊重，教师在具体教学过程中引导学生学会倾听他人的发言，不断丰富自己的认识，不断加深自己的思考，在这样宽松的环境中，师生都会有更多的收获。

### 3. 开放状态的引导

语文双课堂教学模式下，教师对学生开放状态的引导也非常重要。有的学生虽然性格趋于内向，不擅长现场表达，但是在线上课堂常常有缜密、精彩的发言。他们的学习需要教师的鼓励和引导，这样他们才能发挥所长，获得成就感。

对擅长线下课堂现场交流的学生来说，趋于外向的性格使得他们更愿意口头表达，而懒于书面表达，教师需要引导他们将自己的想法及时诉诸文字，在线上课堂留下自己的思考，把线下课堂的表现延续到线上课堂。

无论是内向的学生还是外向的学生，都需要教师适时引导，发挥优势，弥补短板，从而形成教学的良性循环，保证教学效果的实现。

## （二）积极评价性策略

语文双课堂教学模式有一个重要的保障机制，就是对全体发言人的积极评价策略。尤其是在线上课堂开展教学的过程中，针对问题的讨论，任何一种声音都是非常难得的观点，都需要全体成员高度重视，积极评价，只有如此，才能引发更多更精彩的回复和表达。而在线下课堂的教学中，教师更要积极回应学生的发言和观点，不断激励学生理直气壮地发言，只有如此，才能培养学生深入思考的能力。

### 1. 教师评价，重在引导

无论线上课堂，还是线下课堂，教师的评价都很重要，因此教师要牢牢地把握住观察者和发现者的角色，更加客观地进行评价。从学生的角度来看，教师客观公正的评价，对学生的深入思考和讨论尤为重要。在线上课堂，教师浏览学生的发言应更多关注其思考的创新点、提升点、勾连知识的切入点等优点，从这些角度进行评价，更有利于其他学生向这些方向去努力，从而形成一种无形的引导，促进学生深度学习的发生。线下课堂亦是如此，在现场交流的过程中，教师应关注学生发言的闪光点，强化学生发言的精彩之处，使讨论的氛围更加和谐，课堂效果更加突出。

总之，在教师表扬与肯定的评价中，学生发言和思考的兴趣会更加高涨，从而促进深入思考的良性循环。

### 2. 同学评价，重在欣赏

在语文双课堂教学模式的教学过程中，学生的评价占据主体地位，因此学生对其他同学的评价要重视，要进行有效的引导。

用教师评价的风格和习惯来影响学生之间的评价，倡导发现优点，强化优点，点评优点，欣赏优点，引导学生关注其他同学发言的精彩之处，并从中学习。要强调评价的出发点是欣赏，只有从欣赏出发才能进行良好的沟通，线上课堂中尤其需要这样的引导和把控。

当全体成员都用欣赏的眼光看待同学的发言和观点时，参与讨论和交流的学生才会更多，生生间交流的面才会更广，无形中对课堂教学的广度和深度都是一种促进。

### 3. 评价量表，重在系统

在语文双课堂教学中如果只是搞观点、认识的一团和气，那么就很难出现辩论的场景，很难出现观点双方各执一词的思辨。在进行评价时，教师要提供或者引导学生制作适当的评价量表，在把握整体评价原则后，针对问题进行更加理性和公正的评判。在使用量表的过程中，教师要引导学生更加科学、系统地认识评价，认识问题本身，从而推进线上线下双课堂的教学进度。

## （三）共享性策略

语文双课堂教学模式的一大特点在于资料可以实时留存，所留存的各种观点和发言都是开放的，全体成员都可以浏览，因此在教学实施时，要特别注意有效利用共享性策略，发挥共享的作用，实现各种资源信息利用的最大化。

### 1. 共享观点

对于一个讨论的问题，学生会有自己的看法，即使是同一个观点阵营，成员之间也有一些细微的差别，所以在进行语文双课堂教学时，教师要引导学生不断分享自己的思考，将观点形成的过程呈现出来，通过共享让更多同学了解和支持自己的观点。

即使同学有不同的观点，也可以针对观点内部的某一方面或某个细节来进行陈述和反驳，这样的表达可以使全体成员更加清晰地了解其产生观点的原因，以及分析观点的基础和立足点。

### 2. 共享资源

在语文双课堂教学中，无论线上课堂还是线下课堂，要想把自己的观点表达得有理有据，需要原著文本内容的支撑，也需要一定的文献支持，这些文献是学生学习的重要资源。教师可以在互联网平台建立一个关于讨论问题的资源库，学生发现的重要资料都可以放进这个资源库，便于其他同学浏览学习。这样一来，学生在表达观点时，可以直接点明自己的想法是受到哪一篇文献的启发，依据的是哪一篇文献的论述，其他同学也可以通过浏览文献有所了解，这样学生之间的交流更加专业，学生的阅读量也在无形之中扩大数倍。

### 3. 共享方法

语文双课堂教学模式重在引导学生进行充分的讨论，在讨论过程中，教师需要引导学生关注一些讨论和分析的方法，学生自发运用的一些讨论、辩论的方法，教师也可以适时地指导，这样有利于学生共同学习。共享分析的方法是非常重要的，也是非常必要的。当学生掌握了分析的工具和讨论的思维路径后，再次投入讨论活动中，整体的讨论质量会更好。

## （四）互补性策略

语文双课堂教学模式的灵活性在于线上课堂与线下课堂的相互补充，在教学过程中，线上与线下形成一种默契的配合，使教学活动得以顺畅、高效开展。在互补的过程中，教师要引导学生关注多个角度的内容和信息，从而形成多个层面的互补。

### 1. 文库互补

语文双课堂教学模式下，学生浏览的文本来自多种渠道，有教师提供的文本，这些内容需要全体学生都熟悉，还有学生从互联网平台搜索、筛选出的相关文献，这些内容则都可以形成知识点的互补，使学生在不断浏览材料中开阔视野，提升认知水平。

在线上课堂，学生可以不断地利用互联网平台资源丰富的特点，收集多种相关文本，透过不同文献的表达，更加全面地认识、了解所探究的问题。在线下课堂的教学中，学生发言时所引用的学术观点，要明确出处，课后全体学生可以在线上课堂共同阅读。不同观点、不同角度、不同风格的文献聚集在一起，形成互补，引导学生综合、辨析、筛选，促进学生独立思考能力的形成。

### 2. 师生互补

在语文双课堂教学模式中，教师与学生处于平等地位，教师浏览、查阅的内容远远不如全体学生，所以在教学过程中，教师也要不断阅读，快速筛选内容，同时关注学生提出的观点，在师生间不断的交流与探讨中，形成多角度的互补。这种互补形成后，师生间的默契会更加突出，学习的过程会更加有趣。

### 3. 生生互补

在语文双课堂教学模式中，学生在线上课堂发表观点后，其他同学可以参考并完善类似观点，或者用不同的观点进行具体的反驳，无论是哪一种，都会和同学在学习内容及思考路径方面形成互补，生生间会产生深入交流的场域。学生表达观点、表述思路、引用文献等活动，都会对其他同学产生影响，从而在思维表达方面也形成互补，不断规范全体学生的思考方式。线下课堂的互补会更加明显，尤其是在小组讨论探究的过程中，无论是同质组员还是异质组员，都可以互相补充信息和思考问题的角度，使小组最终形成更加完整的表达。线下课堂这样的互补，也是基于线上课堂的不断积累才促成的。因此，生生互补的前提是交流与讨论。

## 二、语文双课堂教学模式的思维培养

语文双课堂教学模式，通过两个课堂为学生思维能力的培养提供了更丰富的空间。线上课堂锻炼的是文字表达的能力，线下课堂锻炼的是口头表达的能力。无论是哪个课堂，教师都在着力提升学生表达背后的思维能力，高度重视学生思维能力的培养。

### （一）依托互联网，强化思维的深刻性

语文双课堂教学模式中的线上课堂是完全依托互联网进行的，教师在互联网平台的支撑下开展教学活动，学生借助互联网平台进行学习活动。互联网作为一个资源平台，拥有

海量的资源，可谓"取之不尽，用之不竭"，却也良莠不齐，需要学生有对资源的辨识力，能够在浏览相关资源后，对所关注的文献等信息内容有所判断。这就需要教师在教学过程中有意识地引导学生关注自身辨识能力的培养，对网络资源有一定的辨别能力，引导学生透过表面现象，抓住问题的本质，关注事物之间的内在联系，由表及里，由此及彼，去粗取精，去伪存真，强化思维的深刻性。

另外，学生在对问题进行探讨时，可以通过发言和表达，综合形成认识的过程，促进思维更加深刻。比如，在进行《西游记》名著阅读教学时，学生对唐僧形象的探讨，不仅能关注其优点，也能聚焦其缺点，思考唐僧作为一个凡人的特点，深入剖析人物形象，从而感受到唐僧在取经团队中不可或缺的作用，透过表面认识到更深刻的本质。

### （二）加强交流，锻炼思维的灵活性

语文双课堂教学模式与传统教学形式比较，交流更加频繁。在线上课堂，师生间、生生间，甚至是全体学生都可以不受时空的限制，就一个问题长时间地进行讨论。当学习者在两个课堂都形成多点交流的场域时，他们需要保持多角度、多方面、多方向地收集信息，不断调整、完善自己的观点，这个过程是对观点进行分析、综合的过程，因此学生思维的灵活性和综合判断的能力得到充分的锻炼。在线下课堂，经常会出现学生就一个问题发表不同的观点，倾听者需要不断组合，形成合理的结论，灵活地进行思考。在这个过程中，学生的思维得到充分的锻炼，思维的灵活性得到强化。

### （三）综合资源，形成思维的独创性

语文双课堂教学模式，需要引导学生处理互联网的海量资源，需要学生透过文字来感受、概括、提炼核心的知识内容，从而形成具有独创性、综合性的观点。

思维独创性的培养需要胆量，学生要在其他同学发言、讨论的基础上，大胆尝试，提出自己具有独特性、创造性的建议。

独创性的思维特点，在于学生能够综合所学，形成一定的组合，然后提炼出自己的新观点，或者不断完善原有的观点。在语文双课堂教学模式中，我们更加鼓励学生综合各种信息，形成自己的观点，这是学生思维独创性的直接体现。

### （四）全面思考，发挥思维的批判性

语文双课堂教学活动，全体学生都需要参与其中，表达自己的思考和想法。在这些活动中，教师需要不断提醒和鼓励学生展示自己的思维路径，相互学习思考和发言的思维方

式，在倾听其他同学的观点的基础上进行更加深入的思考。教师还应着重培养学生的分析能力，引导他们从实际生活和文本表达中，通过假设、验证等环节，有意识地提升自己的分析能力。

分析能力是形成学生批判性思维的基础。在语文双课堂教学活动中，学生通过发言、展示等环节，不断完善对一些观点的认识，逐步形成对一些事物的独特见解，能够有条理地组织自己的知识，形成缜密的思维过程，从而进行准确的表达，逐步加强思维的批判性。

# 第四章 高中语文单元整合式教学方法

## 第一节 语文单元整合式教学方法概述

### 一、语文单元整合式教学的相关定义

#### （一）单元

"单元"概念主要指语文学科教学中教材单元的编排和组织，即教材单元，是教材本身的结构单元。每个教材单元就是学习任务群训练的一个环节，也是一次训练过程。

#### （二）整合教学

整合教学是新课改背景下的一种全新的教学模式，整合式教学作为一种新的教学手段，区别于传统的单篇教学，要求教师在进行教学时要注重教学目标、教学内容、教学方法、提升思维和培养能力等几方面进行整合教学，致力于提升学生的综合素养。

#### （三）单元整合式教学

"单元整合式教学"的概念为：教师以教材单元为基本单位，以学生获得语文学习能力为宗旨，教师需要对单元的教学进行教学目标、教学内容、教学方法、教学资源和评价方式等五方面进行整合，让学生通过对单元课文第一篇的学习带动本单元剩余课文的学习，对知识进行迁移并构建起系统的知识框架，达到高效学习，提升语文学习能力和综合素养。

#### （四）单元整合式教学与单篇教学、主题单元教学的辨析

单元整合式教学与单篇教学之间既有区别又有联系。"单篇教学"是指教学单位围绕教科书编排的课文对其逐一讲解，对所涉及的知识点进行全方位的剖析和学习，充分挖掘文本当中的语言建构与运用、审美鉴赏与创造、思维发展与提升、文化传承与理解等多方面的语文价值。单篇教学是目前高中语文教学最基本的教学方式，囿于当前高考的分数指

向的考查方式，一线教学中对于高中语文的教学还是以教师一篇一篇教，学生一篇一篇学为主的模式。学生的学习方式并不是发现的有意义的学习，而是机械的接受性学习，具体体现为教师将高考所涉及的知识点进行选择、组织、整合，最后以背诵材料的方式呈现给学生。而学生对于高考的重视程度，使他们也更乐于这种应试教学方式。但是单篇教学对于学生的整体思维和结构思维的培养是具有阻碍作用的。而单元整合式教学立足单元整体，通过设计合理的单元整合式教学目标，对单元学习内容和活动进行统筹规划，要对单元学习的主题和情境展开整体的设计，要注重单篇教学与单元整合式教学之间的关系，让单元整合式学习的价值得到最大限度的发挥，在教学中落实核心素养。尽管单元整合式教学对激发学生的学习自主性和培养他们的思维更加有利，但是这并不表示单元整合式教学就可以代替单篇教学，而是在教学中寻求二者的优势，将语文教学的作用发挥到最大。对于不同体裁进行灵活的教学方式，例如诗歌、古文的学习，单篇教学更有利于对文本的认识。

单元整合式教学与主题单元教学之间的区别与联系。主题单元教学是指以基本的教学单位为单元，对不同单元或同一个单元内的课文依据主题的分类，对主题相似的课文和单元进行分类和整理，以课程标准为依托，以学生的需求为基础，通过对课程内容的整合与设计，构建专题单元的教学模式。主题单元教学与单元整合教学有相似之处，都是以单元为最基本的教学单位，从整体上把握单元的内容，整体设计单元的内容和活动；两者的区别在于：单元主题教学更关注"主题"，语文学科中的主题与学生的精神价值和成长体验息息相关。在单元主题教学中，则以"青春的价值"为教学内容的整合点，引导学生关注如何领会前人对青春的吟唱，真正与作者产生心灵的共振。而单元整合式教学是以统编版高中语文教材编排的单元"人文主题"为基础，以单元内选文的特点和学生的学习需求确定单元学习目标，立足单元整体内容和结构，以单元"学习任务群"为本，将单元主题与学习任务群进行整合，发掘两者之间的内在联系，通过教学活动和教学内容的整合，让两者处于紧密联系的状态。单元整合式教学更多的是关注单元"整体"之间的联系，是对学习目标、学习内容、学习方法等多方面的整合，致力于在教学中落实核心素养。在教学中培养学生对学习内容形成整体的认知结构，从而培养学生的系统思维。要对单元学习的主题和情境展开整体的设计，要注重单篇教学与单元整合式教学之间的关系，让单元整合式学习的价值得到最大限度的发挥。一切以学生学习效率的提高、系统思维的培养、核心素养的落实，综合能力的提升为基础。

## 二、高中语文单元整合式教学必要性分析

### （一）普通高中语文课程标准的要求

课程标准尤其强调育人价值，语文教学要走向工具性和人文性的统一。而在目前的教学中，受高考指挥棒的影响，存在人文性在教学中功能价值淡化问题。通过单元整合式教学，设置以学生为中心的学习活动，可以有效解决目前高中语文单元教学存在的困境。此外，课程标准强调：从祖国语言的特点和高中生学习规律出发，以语文学科核心素养为纲，以学生的语文实践为主线，以任务为导向，以学习项目为载体，整合学习情境、学习内容、学习方法和学习资源，引导学生在运用语言的过程中提升语文素养。从课标可以明确看出，对于语文课程单元教学，课程标准根据教材编排特点提出了单元教学的方向。因此，高中语文单元整合式教学既符合当前课程标准的要求，也是落实核心素养，提升学生语文素养的有效手段。

### （二）改进高中语文单元教学现状的需要

当前高中语文教学主要以单篇教学为主，教学围绕知识点来进行，单元课文部分与整体之间呈现割裂状态。存在教学目标功利化、教学内容碎片化、教学评价单一化等问题。与当前高中语文课程标准倡导的育人导向的要求是相悖的，而单元整合教学通过立足单元整体，根据教材的编排特点和学生的身心发展规律，重构单元结构，加强单元整体与部分之间的联系，培训学生系统思维的同时落实课标提出的核心素养，全面提升学生的语文素养。

单元整合式教学立足单元整体，通过对单元教学目标、教学内容、教学方法、教学资源的整合，旨在突破传统的单篇教学方式，促进语文教学的改革。同时更新教师与学生的观念，即教学方法和学习方法的更新。在新课标倡导的育人导向之下，开展单元整合式教学促进核心素养的落实，培养学生的整体思维。且设置以学生为主体的单元整合式教学活动，符合课标提出的"自主、合作、探究"的学习方式，让学生在合作的过程中，对知识的应用和掌握更加深入，与此同时，还可以培养学生独立思考和自主学习的能力。

单元整合式教学对高中语文教材单元的人文主题、单元导语、语文素养、课后习题、单元要求等模块进行整合，以学习活动串联以上几个模块，在学习中始终坚持整体与部分的整合，同时兼顾单篇教学的优点与整合教学的优点相结合。单篇教学对于知识点讲解详尽这一优点，在单元整合式教学中，以单元整合教学目标为导向，以每篇课文课后习题的

掌握情况作为落实单篇教学优点的保证。单元整合式教学既符合当前的改革趋势与课标要求，同时又囊括单篇教学的优点，由此可见，单元整合式教学的实施具有重大意义。

## 三、学科核心素养背景下高中语文单元整体教学设计的理念及要求

### （一）设计理念

旨在培育学生核心素养的高中语文教学，是教师须科学地组织学生在实践中学习科学文化、提升素养能力、涵养时代精神的"人本位"教学模式。因此，在学科核心素养背景下，教师在进行高中语文单元整体教学设计时须秉持着"彰显育人性""体现科学性""加强实践性""注重时代性"的理念。

#### 1. 彰显育人性

语言文字是人类社会交流的工具，也是文化历史得以传承的重要载体。语文课程是具有工具性和人文性的综合性、实践性课程。在呼唤培育学生核心素养的背景下，语文课程除了具有"教知识""教文化"的功能，更肩负着"培养人"的使命。

在过往高中语文教学中，许多教师力求面面俱到，希望将每篇文章的知识点都整理出来灌输给学生，以便学生能在考试中获得好成绩。这样以"灌输知识为本"，以"提高成绩为目的"的教学方式虽可助益学生在应试选拔中多得分，但易使得语文学习走进一个误区，即语文无非就是背诵了事，并无其他。久而久之，学生对语文学科的印象便是背诵，而非思考，学生所感受到的诗词佳句并非国粹，而是加重记忆负担的秤砣。

同时，在这样的授课方式和学习方式的长久引导下，学生对语文学科的兴趣便会锐减。对高中生而言，整日梳理、背诵知识已是不易，又何来时间和精力进行深度思考与探究呢？教师又何谈提升学生的人文素养呢？故而教师要以培育学生的核心素养为教学的宗旨，教学观念应从"教知识"转化为"培养人"，如此，语文学科的育人性才能得到真正发挥。

#### 2. 体现科学性

首先，语文教师要选取科学的教学内容。在倡导素质教育、力求培养全面人才的今天，仅传授教材中的知识已然不够。在这样的教育情势下，教师便需要精选教材外的知识，以此来辅助学生加深对课内知识的理解，帮助学生拓宽视野。但是，并非所有的知识都适宜传授给所教学段的学生，并非所有的内容都能为学生所吸收，再加之高中语文课堂容量十分有限，故而教师应结合相关知识的特点及班级学情，科学选取教学内容。

其次，要采用科学的教学方法。传统的教学方法主要有讲授法、讨论法、合作探究法等，其中讲授法依旧是一线教师所采用的主要教学方法。讲授法固然有其优势，但却容易导致学生只是一味地听讲、记录知识，并未进入深度学习。不少教师也意识到了讲授法的弊端，也会在课堂讲解中加入讨论法及合作探究法，但却容易流于形式，纯粹只是为了丰富教学方法而使用。因此教师须在进行课堂设计时便选取好合适的教学方式，只有采用科学的教学方式才能使知识传授达到事半功倍之效。

再次，教师应设置科学合理的评价方式。以笔试成绩来评价学生掌握知识程度深浅的方式由来已久，且时至今日还是一线语文教学评价的主要方式。但仅凭分数来判定学生学习情况的弊端也十分明显，尤其是在倡导培育学生核心素养的今日，单从分数并不能看出学生是否掌握相关的素养能力，也不能明确学生的能力程度。故而教师应注重过程性评价，要丰富评价主体，设置科学合理的评价量表以供各评价主体进行评价。

最后，语文教学应注重传递科学思想。不同于数学、物理、化学等理工类学科，语文学科具有文学性，是一门具有深厚人文思想的学科。因此部分教师在讲授的过程中容易过度渲染情感，营造煽情氛围，从而忽略了对学生逻辑推理、思辨论证、科学能力的培养。其实，教师进行教学设计时便应该注重合理分布，不应走进语文就是要"煽情"的误区，而是要让学生在感悟情感的过程中也能习得科学思想。

### 3. 加强实践性

语文课程实则是一门颇具实践性的课程。在传统的认知中，人们很容易将"实践"同语文课程割裂开来，部分人认为语文无非"听、说、读、写"，只要严格遵循这四种学习活动，学生就能学好语文。但事实上，学好高中语文的标准是什么？若只用试卷上的分数高低来衡量未免太过单一。

随着高中语文新课程标准的颁布，人们逐渐意识到了语文学习并非只是能诵读、会做题，而是要切实地从语言、思维、审美、文化四个层面来提高学生的能力。要真正地让语文教学由表及里，由学习教材到提升能力。而在其中，加强实践是一条重要路径。故而，语文教师在构设单元整体教学设计的过程中要注重加强课堂的实践性，要设计多样的课堂实践活动，如小组探究、情境写作、模拟演讲等，要鼓励全体学生积极参与。单元整体教学力求让学生在深度思考中自主探求解决问题的方式，并引导学生在亲身组织语言后积极发表自己的观点。这样才能让学生在探究合作的过程中真正掌握知识，并能感受到自主钻研的乐趣。

### 4. 注重时代性

当今，互联网技术高速发展，语文教育同样需要与时俱进。高中语文课程应能够满足大众对语文教育的期待，同时也要能适应当今社会对人才多样性的需求。

首先，教师应精选与时俱进的教学内容。在注重学科核心素养的背景之下，语文教育的最终目的是培养出在语言、思维、审美和文化等方面都具备一定能力的社会主义人才。为实现这一育人目标，仅学习教材中所选录的文章是远远不够的。为此教师需要对与文章相关联的部分进行知识拓展。但知识拓展的内容并不能随意选取，那些过时的，或已被验证为是错谬的皆是教师在选取知识时应首要排除的，而那些符合时代特征的新鲜事物和热点话题是学生应去深入了解的主要对象。

其次，教师应变革教学方式，教学方法应顺应新时代高中学生的发展需求。传统语文课堂多采用讲授法，学生在课堂中通常"各自为营"，只一张嘴用以机械朗读，一支笔来苦写笔记。如此做法使得学生学习思维固化，只会一味地被动接受教师所灌输的既有知识，而不懂该如何掌握方法、举一反三。所以语文教师在进行教学设计时应采用科学的教学方法，创新教学方法，让学生素养能力发展能更加适应社会进步新形势的需要。

最后，教师应构设具有时代特征的真实教学情境。互联网为人们提供了多种便利，语文教师也可借助网络信息技术来搜集各种资源，无论是名篇佳句抑或各种时事热点，只要善用互联网络，教师便可以收集为教学材料，将解决实际问题作为教学的切入点。

## （二）设计要求

### 1. 教学主体应为学生

教学设计主要体现的是教师对课堂的整体规划，因此部分教师在撰写教学设计时常常按照自己的思路走，认为教学设计只要体现自己的授课思路即可。其实，教学设计虽是教师所制，但最终的目的却是要确保学生能够在循序渐进中掌握知识，在各项活动中探讨真知。尤其是在以素养为本的时代，教师在设计教学时更应时刻秉持"以生为本"的思想，在设计各项活动时应始终思考"学生能否掌握？""学生应如何掌握？""学生能否就此活动提升自身能力？"

### 2. 教学终点指向素养

传统的教学设计主要从知识层面来进行，教学活动的设计更多考虑的是如何让学生更好地掌握知识，而非如何让学生真正提高能力和素养。当然，教授知识和培育素养并非相互矛盾的关系，要培育学生的核心素养并非要让教师不再重视讲授知识，而是要扭转教师的教学思路和教学理念，要让教师意识到传授知识不是教学的最终目的，而是培育学生素养的一道桥梁，教育的最终目的是让学生的语言、思维、审美、文化等方面的能力有所提升。

同时，在高中语文教材中，人文主题是构设整个单元的核心，每篇文章各尽其能，服务于该主题，每个单元的学习活动也旨在让学生通过自身的实践来提升自己的语言、写作、思维、辩论等方面的能力。在这样的一种单元构设体系下，教学应当以培育学生的素养能力为教学的最终目的，如此才不悖于该教材的编写意图，也才能最大限度地发挥出统编教材的育人价值。

### 3. 教学过程突出能力

在学科核心素养的背景下，学生的学习效果好坏取决于其能力的高低。基于培养学生能力的目的，高中语文教师在撰写教学设计之前，应该明确本单元所蕴含的学习资源适宜给学生带来哪些方面的能力培养，以及如何通过教学的过程来架构从静态的学习资源到动态的能力训练之间的桥梁。撰写教学设计的过程也是教师预设课堂、组织教学的过程。故而教师应在教学设计中的每个环节设置相应的能力训练活动，使学生在任务中明确探究的主题，在活动中感受实践的乐趣，在探究中感受成功的喜悦。

只有始终将培养学生语言、思维、审美能力放置在教育的终点，教师才能摆脱应试教育出考试机器的泥沼，才能真正为国家和社会培养出具有实践能力的创新型人才。

### 4. 教学方式注重探究

授人以鱼，不如授人以渔，教会学生问题的答案，不如培养学生解决问题的能力。在学科核心素养的背景下，教学并非完全为应付考试而服务，其最终目的是要让学生掌握方法，获取语言、思维等的能力。在高中阶段，若仅靠教师在课堂上进行单方面的知识灌输，而不让学生自主探究的话，那么学生只能在素养的门口徘徊，并不能真正获得语文学科所能培养出来的技巧和能力。

因此，现今的语文教师应在课堂中改进教学方式，要适当调整教学讲授与学生合作讨论的时间占比，以学生自主讨论和探究为主，积极引导学生自己发现问题，自己寻找线索，如此才能引导学生在不懈的思考和试错中领悟知识的真谛。

### 5. 教学条件要情境化

情境教学是指为达到既定教学目的而从教学需要出发，创设与教学内容相适应的场景或氛围，以引起学生的情感体验，帮助学生迅速而正确地理解教学内容，促使他们的心理机能全面和谐发展的一种教学方式。所以，在设计单元整体教学时，教师应当选取真实的，与学生实际生活经验贴近，并有利于其进行深度探究的情境。教师需要避免平铺直叙或者直接抛出问题让学生"硬想"的情况，要转换提问方式，可从时事热点中提取有价值的思考点，将具体问题融入学生切实可感的生活经验中。如此才能让学生的思考探究不是纸上谈兵，学习的思路也不仅困于书本一隅，学生的核心素养才能由此培育而成。

### 6. 教学评价力求多维

教学评价是教学过程中的重要一环，高中语文课堂教学评价应积极扩充评价主体，合理利用不同评价主体的不同视角。首先要倡导学生进行自评，以此加强学生的自我反思及自我监控意识；其次要善于引导学生进行互评，发挥集体教育的优势，让学生在集体中共同学习、共同提高；再次，要重视家长评价，虽然家长并不能对学生的学习进行专业性的评价，但家庭氛围及父母等都会影响学生的学习态度、学习动机；最后，在条件允许的情况下，适当引入专家评价也能使整个教学活动的反馈更趋专业化，教师的专业技能等也会有更大的提升。

当然，评价方式也应多样化。传统的评价方式包括期中期末成绩评价、随堂测验、教师口头评价等。而旨在培育学生核心素养的教学方式更注重学生的自主测评和多样评价。例如，在对学生的朗读进行评价时，普通教师会用"你读得真好""大家的朗读情感还不够到位"等评价用语。这一类评价早已司空见惯，且毫无针对性。教师大可将评价的权力下放给学生，让学生通过细致入微、多角度、多维度的朗读评价量表去进行自主评价。

因此，教学的效果好坏并不能仅通过分数高低来直接断定，采用多样的形成性评价、表现性评价等将更能使教学评价客观且有效，教师可依需来选取教学评价方式。

# 第二节  高中语文单元整合式教学设计策略

## 一、教学目标

教学目标是教学的出发点也是最终归宿，教学过程的设置将遵循教学目标的内容，教学评价的开展也需要以教学目标为准则，可以说，教学目标是一份教学设计的灵魂所在。

那么如何科学设置并撰写单元整体教学目标呢？实际上，在"素养为本"的单元整体教学目标设计中，教师需要着眼于教材内容，厘清单元知识结构，继而确定与单元相关的主要核心素养，同时要结合学情来确定各方面素养应达到及可以达到的具体水平。最后，要思考教学目标的表述方式，使目标陈述凸显学科核心素养特点。

### （一）厘清单元知识结构，确定与单元相关的主要核心素养

语文学科核心素养以语文能力为核心，包含"语言建构与运用""思维发展与提升"

"审美鉴赏与创造""文化传承与理解"四方面。在学科核心素养的背景下，大多数教师已具备教书不能只教知识，最终目的是要使学生的素养得到提升的意识。但素养的提升依托于知识的习得，没有知识作为奠基之石，素养与能力的高楼并不能被筑起。故而，在进行单元整体教学设计伊始，教师必须从教材入手，在细致研读单元导语、文章内容、学习提示、单元学习任务的基础上对本单元所含的知识点进行分析解构，继而确定与单元相关的主要核心素养，如此才能使素养培育具有针对性。具体来说，厘清单元知识结构需要从以下三方面入手：把握单元主题；着眼文体特点；比对文章异同。

### 1. 把握单元主题

"单元主题"并非只是一个简单的单元名称，而是对整个单元教学内容的高度概括。它能在很大程度上反映该单元整体教学的内容，对教学的实施及课程资源的选择也有极强的指向作用。例如，某一单元的单元主题为"青春"，那么该单元的教学内容便可能涉及让学生感悟青春故事，激发青春梦想，展望青春未来等。同时，教师在选择教学情境时，也可选择"青春的故事"等相关情境材料。

### 2. 着眼文体特点

过往的教材多以文体来编录文章，以此形成"散文单元""诗歌单元""戏剧单元""文言文单元"等。故在过往的教学中，许多教师会从文体先入手，在厘清某一文体特点的基础上再进行单篇的文本内容教学。

基于此，部分教师便产生了"淡化文体"的误解，认为语文教学应重感悟，重探究，而不应对文体等静态知识进行过多讲解。实际上，将主题相近或相同的不同文体的文章混合编排并非在淡化文体，其目的是避免学生在一段时间内学习同类文体文章而产生的审美疲劳，同时也是为了让学生能更好地学习运用不同文体表现相同或相近主题的方法，以此达到提高学生写作素养的目的。

因此，语文教师在设计单元整体教学时便需要考虑该单元所囊括的不同文体类型，要让学生掌握文体静态知识，更要根据文章的文体特点及单元主题来设置相应的写作情境，让学生在实际操练中加深对不同文体的认识，在构思和撰写中增强自身的思维能力、语言运用能力。

总之，在学科核心素养的背景下，语文教师应一改以往的纯知识性、形式化的文体教学方法，要深入文体内部，要把学生带入具体的、动态的情境中，融通学生的阅读与写作实践。同时，教师需要注意的是，由于教学时数固定及学生精力有限，故而教师在进行单元整体教学设计时需要根据各个单元的特点，有目的、有计划地安排不同文体的写作训练，要明确各单元的主要写作目标，同一单元中所训练的文体类型应有所侧重。

### 3. 比对文章异同

实际上，单元整体教学并非仅仅是将单元内所有文章的共性知识提取出来进行教授，这样的理解有失偏颇。教师在设计单元整体教学目标时，便须明确同一单元内所选文章的异同。比如，同一单元内文章的文体或并不相同，教师在进行单元整体教学设计时便须比对不同文章的文体特征，将不同的文体进行区分。同时，文本所蕴含的内容及情感或有关联或存异，教师在进行单元整体教学设计时便需要积极引导学生在归纳共性的同时去寻找差异。当然，每篇文章也有其特殊的教学点，如若必要，教师也需要将其单独提出。

## （二）结合学情明确目的，确定各核心素养应达到的具体水平

在学科核心素养的背景下，教育旨在培育学生的素养与能力。但学生的学习能力、知识水平等并非完全一致，不同班级的学生会有区别，同时也存在校与校之间、地区与地区之间不平衡的现象。即使是同一班级的学生，其能力基础以及其所能提高的能力上限也存在差异。如何更加科学合理地制定教学目标？如何确定各核心素养应达到的具体水平？这些均是语文教师在设计单元整体教学目标前必须理清的。

基于此，教师应当就学生的日常表现及平时的测验结果等对学生的情况进行初步分析，进行单元前测，对学生的知识储量和能力基础进行充分摸底。与此同时，教师可采用逆向思想，先思考本单元教学需要达到的水平及成效，再来倒推教学目标。

### 1. 分析学生学情

教学成效取决于学生的接受程度，教师的教学设计是否合理仍须看其所设计的内容学生是否有接受的可能，其所设计的活动学生是否已具备能开展的能力。反之，教师在进行教学设计时便须充分考虑学生的知识基础和接受能力，要在充分分析学情的基础上来明确各核心素养应达到的具体水平。

首先，教师须考虑学生所处的学段，要依学段来摘取有价值的单元教学内容。例如针对刚升入高中的高一学生，教师可选取广泛、前沿、有趣的知识内容，力求让学生开拓语文视野，转变学生学语文等于背课文的思维定式。教学内容可从课内延伸至课外，可结合热点情境，让学生感受到语文学科的时代性和实用性。

其次，教师要充分了解学生能力，设置可能实现的教学活动。当学生刚进入高中语文课堂时，对如何进行实践和探究仍不甚清楚，此时教师若设置过难的学习任务，那么学生便会因无所适从和学不得法而丧失学习语文的兴趣。因而教师需要在前期进行充分引导，

所设置的学习活动、学习情境等应当难度适中，要让学生便于理解和操作。待学生的思考和探究能力有所提高后，教师便可依实际情况来加深任务难度。

最后，教师须抓住学生兴趣所在，激发其学习动力。不同学生的兴趣点不同，班级与班级之间的性格也不尽相同。教师需要在日常教学的过程充分观察、积极尝试，找出自己所任教班级学生的学习兴趣点，继而探究出适合该班学生的教学方式。

### 2. 进行单元前测

如果说在过往的"知识导向"的教学设计中，教师仅须凭靠教材的内容进度和主观的分析来判定学生的知识水平，那么在"素养导向"的单元整体教学设计中，教师已不能仅据此来衡量学生的素养能力水平了。在互联网络高度发展的今日，学生所能接触到的知识信息与我们并无差别，其学习状态可能已远超我们的想象。因此，在设计单元整体教学目标时，教师需要用科学的方法来明确学生的能力程度，而对学生进行"前测"不失为一个行之有效的方法。

前测指进入系统学习之前，对学习者能完成此内容学习的先决条件（起点能力）进行测试、评估。方法包括问卷、课前问答、访谈、制作预习单等，各种方式均有利有弊，教师可依据实际情况来选取。例如，教师在并不明确是否需要花费更多时间来疏通文言字词时，便可摘取难懂的字句，采用预习测验的方式来让学生就此进行翻译，若学生的完成情况良好则说明学生已初步具备通读文章的能力，教师可不将其作为教学难点。若学生的前测结果不理想，说明学生的文言字句翻译较差，教师需要花费更多时间来提升学生的文言基础能力。若前测结果极差，教师则需要高度重视，即使将学习字词、做到准确翻译作为教学重点也无妨。

在进行单元教学设计之前，教师需要清楚地知道自己所教的学生已经知道了什么？已经学习到何种程度？教师需要通过前测找到学生"学习的起点"，教师也才能合理设置教学目标，才能找准"教学的起点"。

### 3. 采用逆向思想

单元逆向教学设计是以单元为单位进行"以终为始"的设计过程，即从单元最终输出倒推输入内容和方式，寻求达成单元预期结果的最佳实施路径与方案的一种新型设计方式。其中所蕴含的"逆向"思想也值得我们借鉴。

具体来说，在进行单元整体教学目标设计时，教师要先关注学生预期的学习成果，须先思考教学后所要达到的效果，主要包括学生的语言能力、思维程度、审美水平、情感体验等能达到语文课程标准中的要求，学生预计接受的知识量能达标，以及学生能在原有能力的基础上得到锻炼和提高。将教学后所要达到的效果规划清楚，再来逆向设计教学目标，这将使得我们的教学目标更有实现的意义，而以单元教学目标作为"统领"的整体教学过程也将更有成效。

## （三）探索目标表述方式，使目标陈述凸显学科核心素养特点

教学目标决定教学的方向，教学设计最终指向教学目标。只有合理设置教学目标才能使教学循序渐进，其表述只有合理规范，才能让教学设计更加科学可行。因而，教师在表述教学目标时应做到陈述时以学生为主体、陈述顺序由易到难，表达用语准确具体，采用整合的模式来陈述。

### 1. 陈述时以学生为主体

教学设计虽是教师开展教学活动的"台本"，但学生作为学习活动的主体，理应是教学活动真正的主人。教师应时刻从学生的角度出发，以让学生能更好地获得素养提升作为出发点来进行教学设计。在这一基础上，教师在进行教学目标的表述时应将学生作为主语，应将"教师本位"的思想转换为"学生本位"。

在学科核心素养的背景下，语文教学指向的是让学生学会发现问题、思考问题、解决问题，其本质是对学生的发展要求，能否实现主要依赖学生自己的探索、思考及感悟。故而，教师在表述教学目标时应将学生作为主语，才能真正表明学科核心素养是对学生的发展要求而非教师的教学要求，才能真正彰显以学生为本的新课程改革理念。

### 2. 陈述顺序应由易到难

我国伟大的教育家孔子曾提出"循序渐进"的教学思想，他认为教育是需要长久时间来逐渐进行的，智者非一日而成。同样，皮亚杰（Jean Piaget）也从心理学层面证实了人的认知发展需要经过"图式—同化—顺应"，是从低层次发展到高层次的。因而，学习并非一蹴而就，而是一种需要从简单到复杂，从零散到凝练的学习过程。

同样，语言学科核心素养虽为同一整体的四方面，但于语文学科而言，语言才是基础，语文学科核心素养的本质是一种语言能力及其品质。故而，语言建构与运用是语文学科核心素养的基础，教师在进行教学目标设计时须先从语言入手，从基础的品读语言开始，继而在语言中发展思维，在思考中体悟与鉴赏，在审美中增强对中华文化的认同感，增强文化自信。

学科核心素养并非杂乱无序，每一堂课也有一定的次序。每堂课需要先解决什么问题？攻克哪些难题？后进行哪些练习？这些都是需要教师在进行教学设计时必须进行综合

分析的。尤其是在进行大体量的单元整体教学设计时，教师更应由浅入深、层层递进，才不至于使得学生一开始便被过难的任务所吓倒，也不会因为无纵深思考而无所提升。因此，教师在设计单元整体教学目标时应根据素养达成的难易程度，由易到难地设置撰写，这既便于教师由浅入深地设计课堂，也符合学生的认知接受过程。

### 3. 表述用语应准确具体

完整的教学目标叙写应由"学习内容""学习活动""评价标准"构成。在单元整体教学设计中，学习内容往往囊括整个单元的若干篇文章，教师应依需进行有机选择。学生活动指的是学生完成相应学习任务的路径和方法。评价标准是指学生学习完相应的内容后应达到的知识储量及素养能力。

在这一教学目标中，教师对学生的"语言建构与运用"能力的要求体现在梳理文本、合作交流、组织语言表述；对学生的"思维发展与提升"能力的要求主要体现在提炼文本内容来进行探究与交流。而在品读鲁迅文章、感悟作者情感的过程中，学生"审美鉴赏与创造""文化传承与理解"方面的相关素养也在潜移默化中得到一定程度的提升。

简而言之，在核心素养背景下，无论是单篇教学设计还是单元整体教学设计，其教学目标的表述用语都应准确且具体。"学习内容"的表述应具体，需要学生理解哪个知识点或感悟何种情感应该直截了当地指出。同时，教师也要具体指出学习活动的类型及学习任务的要求，如"小组讨论""实地调研""对比阅读""精读第1段"等。最后，教师要明确指出学生的学习结果水平，如"能自主复述、准确找出、能自主仿写诗歌"等。

### 4. 采用整合模式来陈述

在过往的教学设计中，部分教师会将课堂知识进行片面分类，严格按照三维目标："知识与技能""过程与方法""情感态度与价值观"三方面入手来撰写。但实际上，这种传统的陈述模式在一定程度上对知识的价值造成了分裂。近年来，"单元整体教学""学习任务群"成为教育热点，由此可见，在新课程改革的过程中，"整合"的思想成了人们的共识，教学目标的撰写也应采用整合模式。

整合模式是针对学科核心素养的整体性意义，为了追求学生发展的全面性而克服以往陈述方式带来的学生发展片面性而采用的一种目标陈述模式。其特点在于不再强行将知识所能达到的效果进行分类，不再对知识类型进行"一刀切"式的绝对划分，更加倡导挖掘知识的全面价值。

如此这般，学生可谓在技能上、知识上以及情感上均有所提高，若仍沿袭旧式，那么又该将这一教学目标归置何处呢？何况在学科核心素养的背景下，教学旨在通过一系列的学习活动、情境任务来勾连知识，从而牵引学生在自主探究中掌握知识并提升相应的素养与能力，所以，教师无须强行对知识进行划分。而且，在单元整体教学的过程中，教学内容载量大，划分起来实有难度，故而教师在进行单元整体教学目标设计时应采用整合模式来陈述。

总而言之，在学科核心素养的背景下，设置单元整体教学目标时需要始终以素养为起点，并以准确合理的语言来进行表述，其表述也应体现育人性、生本位等特质。

## 二、教学过程

### （一）精选真实合理情境，架构起知识习得与素养提升的桥梁

"语言建构与运用"是语文学科核心素养的基础，在语文课程中，学生的思维发展与提升、审美鉴赏与创造、文化传承与理解，都须以语言的建构与运用为基础。而语言只有放置在一定的交际情境或历史文化情境中才具有意义。故而，在进行语文教学时，教师需要努力创建各种学习情境，架构起知识习得与素养提升的桥梁。具体而言，教师在设置教学情境时可以有以下思路：深入研究教材，挖掘情境资源；关注社会热点，紧跟时事政治；创设生活情境，解决实际问题。

#### 1. 深入研究教材，挖掘情境资源

语文教材本身就是一个容量巨大的资料库，教师可以从语文书中挖掘出丰富的情境资源。首先，教材的"单元学习任务"已设定好了活动情境。就戏剧悲剧的教学来说，仅以教师的解读讲授只能让学生对戏剧作品停留在认知的层面。学生难以做到用心揣摩台词领会人物矛盾的内心，难以真正把握其悲剧意蕴，心中的良知与悲悯情怀也难以被激发。

而该单元的单元学习任务提示教师，在教授本单元时可创设"戏剧表演"的教学情境，让学生就文章内容进行集体讨论，形成台本，继而进行排演，在正式演出后再进行评议总结，撰写剧本理解或观剧体会。在这样的情境活动中，以文字形式静默着的剧本才能真正活起来。

其次，"学习提示"部分也同样给予教师创设教学情境的启示。

除此之外，教师还可将不同的课文进行整合，结合课文内容等来设计教学情境。教师不仅须关注文章内容，还应该关注教材中的助读系统，充分挖掘教材中的情境资源。

#### 2. 关注社会热点，紧跟时事政治

语文教学旨在培养出关注社会、具有社会责任感的新时代青年。语文教师的教学更是

应当立足当代社会的需求，以培养适应现代化发展的人才为目标。因此，教师在教学的过程中不仅可以从教材中来挖掘情境资源，还应当走出课本，以包罗万象之态来精选社会热点，让学生通过语文课堂也能达到放眼看世界的效果。

### 3. 创设生活情境，解决实际问题

"生活"与"教育"密不可分，生活也是教育的一部分，生活也具有教育意义。"生活"与"教育"是始终紧密相连的两个概念，人们在生活中学习技能，获得教育，而教育的终极目的也是要让学生能更好地生活。因此，在学科核心素养的背景下，教学并不能仅停留在学会知识的浅层上，教学要与现实生活紧密结合，要以现实生活情境为依托，立足解决实际问题，要让学生在忘记高中语文的相关知识后还能拥有利于其终身发展的技能。故而教师可积极创设生活情境，让学生在生活中思考，从生活中获得灵感。

若想让学生能真正将所学到的劳动意义转化为自身的劳动观念并付诸到其往后的生活中，教师们必不可少地要将文本内容迁移到现实生活中来。

基于此，教师便可创设生活情境，通过列举学生生活中常见的劳动场景来激发其进行观察和思考。比如："每日都悉心教导我们的老师，细致清扫每一处角落的保洁人员，精心维护校园设备运转的维修人员，在烈日下始终坚持工作的核酸检测员……生活中，有许多平凡的劳动者值得我们关注，他们是如何劳动的呢？有没有那么一个瞬间，他们劳动的身影触动了我们的心灵？请选择一个你熟悉的劳动者，对其进行观察，记录下他们的工作场景，也可对其进行访问，搜集相关资料后撰写你的感悟。"

在这样基于生活场景的写作情境中，学生更容易领会到出题者的用意，也更能将文本内容及相关知识与现实生活相联系。

所以，语文教学必然离不开语文教材，但并不意味着要将教材作为唯一的课程资源，在教学过程中教师要以教材为轴心开发和利用生活中的课程资源。

## （二）编制单元问题链条，明晰学生核心素养达成的具体路径

单元容量大，其所蕴含的知识点远比单篇文章多。如何将单元内的大量零散知识进行重构，这是语文教师设计单元整体教学时需要重点思考的。在单元整体教学中，要以单元任务统摄整个单元教学，再细化子任务，确定课时目标，将单元与课时打通，统筹推进，一体实施，以期实现单元教学的一致性与整体性。总的来说，单元任务的实施依托子任务渐次推进，教师在进行单元整体教学设计时需要明确"单元任务—课时目标—课堂问题"的问题链条，以此勾勒出学生核心素养达成的具体路径。

### （三）科学设置课后作业，有效检验学生各项素养的提升情况

教师在进行教学设计时经常在"作业布置"的部分设置让学生完成练习册的相关内容。实际上，无论前面的内容设计得多么合理，多么有新意，作业布置若只是走个形式，那么这份教学设计的价值都将会大打折扣，大有一种"虎头蛇尾"之感。教师在进行教学设计的过程中应当依据教学内容及学生预期获得的素养水平，做到科学设置课后作业，有效检验学生各项素养的提升情况。

基于此，教师需要明晰作业要训练学生何种能力，意图让学生掌握什么，并围绕此目的来设计作业。同时，作业布置应合理适量、难度适中，不可让学生产生因难以完成而随意应付的心理。而在进行作业布置时，教师需要一改以往的"指令式"任务，要从多方面搜集资料，构设合理的作业情境，引导学生在具体情境中思考问题，解决实际问题。

当然，作业并非只有做题、写作文等方式，教师还可在单元整体教学设计中拓展作业形式，提高课后任务的趣味性，激发学生对完成课后作业的热情。

#### 1. 设置作业层级，促使作业布置合理适量

在单元整体教学中，教学的内容及相关的任务活动较多，且在课堂中学生所锻炼的能力也并不唯一。那么教师在设置课后作业时就应当侧重锻炼学生某方面的能力，不能一齐发力，要围绕各单元培育的主要核心素养来设置作业。同时，由于学生的知识储备和能力水平不尽相同，其课堂接受能力也参差不齐，故而每个学生的学习效果也不可能齐平。

为了避免此种情况，同时也为了尽可能地让所有学生的个人素养都能得到有效提升，教师应设计"作业层级"，要提供合理的作业套餐，让学生有得选，可以选，这样才能满足不同层次学生多样化的发展要求。当然，在学生对课后作业进行个性化选择之前，教师应当引导学生学会自我评价，树立合理选择作业难易度的意识。

#### 2. 构设作业情境，引导学生解决实际问题

在学科核心素养的背景下，"情境教学"被广泛运用于课堂教学中，引导学生在情境中思考问题、解决问题也成了呼唤核心素养下的教育共识。素养本位的教育始终强调教育在于提高学生解决实际问题的能力，故而教师不仅要在课堂上引入情境，在课后作业中也应构设相应情境，才能进一步检验学生解决真实情境中的实际问题的能力。

首先，作业情境可在教材中提取。

其次，作业情境可来源于热点事件和流行焦点。教师可就近期的讨论热点来构设相关情境，如此一来，教师在激发学生的作业热情的同时，也能引导学生进行辩证思考。

最后，语文知识既存在于教材文本中，也蕴藏于日常生活中，教师还可从学生所能接触到的生活小事中入手去选取适宜的作业情境。如此一来，学生才能既跟得上流行，又着眼于生活，语文教学才不会"假大空"，才能"接地气"。

### 3. 丰富作业形式，提高课后任务的趣味性

传统教学模式下的课后作业，其目的是强化对课堂学习知识的机械式训练，以提高应试技巧和考试成绩。因而重复抄写、试卷练习、应试写作等方式长久以来构成了语文课后作业的主要形式。实际上，作业的形式可以是多种多样的，语文作业也需要同数理化学科一样进行观察与实践。

除此之外，排练课本剧、制作微电影、绘制手抄报等方式也能起到增加学生技能、锻炼学生能力的作用，教师大可开动思维，将新颖的作业形式作为传统应试训练作业的有效补充。

简而言之，在实施单元整体教学的过程中，教师需要将单元知识重新解码编排，使其"有序化"，同时要积极创设学习情境，架构起"知识"与"素养"的桥梁。而学生的素养水平是否达成，则需要通过课后任务来检验。同时，课后任务也是学生巩固所获素养，开发自身能力的重要途径。当然，在构设单元问题链条及布置作业的过程中，教师均需要提供相应的学习情境和作业情境，如此才能调动学生的学习激情和完成作业的热情。

## 三、教学评价

学科核心素养视域下的语文单元教学评价的设计重点在于以评促教。由此可见，教学评价是整个单元整体教学设计中不可或缺的一环，其作用是依据学生学习情况来不断调整教学。然而，在实际教学的过程中，许多教师都因各种原因而没有进行教学评价，或者教学评价方式单一，这使得教师未能得到关于教学的有效反馈，教师也难以把握下一次教学的改进点。

教师应引入多元评价主体，力求各评价主体相互配合优势互补；拓宽评价内容维度，使评价立足核心素养的培育要求；丰富教学评价方式，使核心素养培育情况能被科学有效地反馈出来。

### （一）引入多元评价主体，力求各评价主体相互配合优势互补

第一，授课教师评价与听课学生评价相结合。教师在教学活动中起主导作用，教师是教学活动中除学生以外的第一感受者，教师的评价能真正基于教学的方方面面，能更加全面细致。同时，教师具有教育专业背景，能从语文学科角度对教学进行专业性的评价，因

此教师是教学评价过程中不可缺少的主体，一线教师需要树立"即教即评"的意识。学生作为学习活动的主体，也应当对自身的学习情况做出判断，同时也可对教师的教学设置做出一定的反馈。

第二，其他专业人士与非专业人士的评价均可适当听取。有条件的教师可听取其他教师及学者的意见，充分搜集其他专业人士对课堂的评判，从而不断改进课堂的设置，使自己的课越上越精彩。同时，教师也可引入家长等评价主体，倾听家长的评价意见，以达到家校共促学生成长的目的。

可引入的教学评价主体并不是固定的，教师也可依据实际情况来引入多元评价主体，各评价主体相互配合、优势互补，所得到的评价与反馈才会更加多样。

## （二）拓宽评价内容维度，使评价立足核心素养的培育要求

教师在进行教学评价时通常会从教师教学目标的设置是否合理、教学过程组织是否得当、课后作业布置是否适当等角度来进行评价，这样的教学评价虽可在一定程度上窥探出课堂的成效，但学生内里的素养能力提高与否，提高了多少，教师却也无从得知。可见，仅对教师的实施设计进行评价，而忽略学生这一学习主体是不行的。

事实上，若要使教学评价立足核心素养的培育要求，教学评价不仅要关注教师的教，更要关注学生的学，要从"语言""思维""审美""文化"等方面来对学生进行教学评价。"语言"方面的评价包括学生与他人交流的效果，上课组织语言回答的情况，写作能力的高低等；在"思维"方面可对学生的逻辑思维、论证思维、逆推思维等进行评价；"审美"方面的评价包括学生鉴赏文本的能力，感悟精神的能力，抒发情感的能力；"文化"方面的评价内容可包括对某种文化的理解程度，对传承文化的意识情况等。

值得一提的是，教师在进行教学评价的过程中，可制作评价表格，并充分设置评价层级，让学生通过撰写评价表格来对自己及他人进行充分、全面的评价。

## （三）丰富教学评价方式，科学有效地反馈核心素养培育情况

在新课程改革的浪潮中，"以评促教""将教学评价贯穿教学活动始终"的倡议声不绝于耳。这些倡导者认为，若要提高课堂效率，真正落实核心素养的培育工作，教师在教学过程中就要做到时时评价、处处反馈，才能立即因势利导，引导学生有效进入深度学习。

传统的教学评价通常只在教学活动结束后进行总结性评价，而教师若要开展单元整体教学，则必须就学生的先前能力来设计学习任务。且单元整体教学的课堂形式多样，课堂

情况难以预设，教师须在教学过程中开展形成性评价，才能及时地发现问题并协助学生解决问题。简而言之，教师需要丰富教学评价方式，将教学评价贯穿教学始终。

首先，教师在进行单元整体教学前要先进行诊断性评价，要对学生在预习本单元时所遇到的问题进行评价，此举有利于了解学生的学习情况，从而便于制定或修改单元整体教学目标。

其次，教师在进行单元整体教学的过程中也应对学生进行形成性评价，这样才能在实际教学的过程中对学生的某方面能力是否得到锻炼做出判断，在教学的过程中及时调整。

最后，终结性评价是在对整个单元教学活动全面复盘后得到的，是对教学设计与教学活动适配性的全盘比对与思考，采用终结性评价可为教师在往后进行教学设计时提供经验。

简而言之，学科核心素养背景下的教学评价是不仅限于测验评价的多主体参与、多维度并举的多样化评价。

# 第三节　读写一体的高中语文单元整合教学

## 一、读写一体的高中语文单元整合式教学的内涵特征

单元整合式教学其核心就是"整合"。整合意味着学习资源、学习内容、学习情境、学习路径和学习方式的交互与融合。其内涵特征主要有以下三点：

### （一）教学设计任务化

真实的语言实践活动是实现语文核心素养的重要途径，而传统的单篇课文教学，往往忽视了学生的主体地位，学生缺乏真实的语言运用实践环境，教学过程更多的是以教师知识点讲授+技能训练的形式呈现，学生学习的主动性不高，语言表达能力和思维能力以及审美等能力都受到了限制，不利于语文核心素养的提升。课程结构部分要以学习任务群的方式组织教学，学习任务群将学习方法、学习内容、学习资源、学习情境等进行整合，以自主、合作、探究性学习作为主要的学习方式，学习任务群的出现打破了碎片化知识传授的局面，是落实语文核心素养的重要途径。读写一体的单元整合式教学，基于学习任务群的要求，发挥学生自主学习的能力，根据学生的真实需要设计真实有趣的情境任务，再将学习任务细分为一个个小的学习活动，学生在任务的驱动下完成各项活动，解决相关的问

题，整个教学设计体现出任务化。单元整合式教学的过程便是学生主动参与并体验学习的过程，学生在愉悦的学习活动中寻求解决问题的方法，形成了解决问题的关键能力和必备品格。这里需要说明的是，学习活动之间不是毫无关联的，是层次递进的关系，一个活动的完成能为下一个活动提供基础和条件，在这一过程中教师的角色和地位发生了翻天覆地的变化，变成了学习的引导者和监督者，学习过程也不再是知识点的传授而是学生在真实的语言运用情境中自主建构自身知识体系的过程。

## （二）任务读写一体化

语文素养的培养是语文课程的总目标，语文素养的核心内容是语文建构与运用，思维发展与提升，审美鉴赏与创造，文化传承与理解。语文核心素养的本质是关键能力和必备品格，这里所说的关键能力其实就是听说读写的能力，作为母语教育，听说的训练起步早，基础好，所以学校语文教育的重心应该向读写倾斜，把培养学生的阅读能力与写作能力当成语文教育的核心任务，实际上学生的读写能力提高了，听说的能力也不会低。

我国古代采取科举考试的制度，以文取士，认为一个人写出的文章代表了其文化水平，通常文章写得好的人便有机会进入仕途，由此可见古人对于写作的重视。写作能力是学生语文水平的综合体现，学生的作文不仅综合地表现出他们字、词、句、篇、语、修、逻、文的知识水平，还全面地反映出他们的观察力、记忆力、联想力和价值观、人生观等。阅读能力不仅是语文学习能力的主要构成因素，而且是一个人必备的生活技能。现在的高考越来越重视考查学生的阅读能力，主要考查学生的阅读量和阅读速度两方面，学生的阅读量和速度跟不上就很难完成试卷。阅读与写作构成了语文教学的双翼，他们是相互促进与提升的，读是写的基础，读与写的关系就好比弓箭，读是弓，写是箭，只有读得多，读得精，我们的弓才会强劲，箭也会射得远、射得准，同样地，写对读也起到反作用，写作的过程好比练习射箭，要根据箭射出的情况来及时地调整力度和方向。然而在现今的语文教学中，阅读教学的分量重，占用的时间比较多，范围比较广，而写作教学因为受到各方面的限制，得不到应有的重视。很多都是在高一的时候讲知识点，高二的时候忙着联考，高三的时候纯刷题，基本没有安排写作课，所谓作文训练更多的是在每次考试的时候顺带而已。教师把精力放在总结应对高考作文的技巧上，有的教师总结出一些"秘籍"，例如怎么套用高尔基等人的名言，怎么巧妙地插入自己的看法等。此外，很多教师认为作文分拉不开，所以没有重视，认为教不教都那样，教多了还挤占了刷题的时间，得不偿失。在语文教学中不能只有阅读训练，而忽视写作训练，它们应该是融为一体的。

语文核心素养不是单一的知识和技能，而是综合能力的合体，为了培养学生的综合能力，单一的学习方式和学习活动肯定难以满足，必须设置形式多样的学习活动来落实，读写一体的单元整合式教学，将听说读写的训练整合到一个个学习活动中，尤其重视阅读与写作的整合，每个任务下既有阅读活动也有写作活动。既重视阅读对写作的指导和积累的作用，也重视写作对阅读的促进和深化作用，而且阅读与写作的活动是相关联的。

## （三）读写一体多元化

关于阅读和写作的训练，在现今的高中语文教学中形式比较单一。在阅读方面，主要还是采取精读的方式，具体就是学生在教师的带领下对一篇课文进行详细的分析，例如教师通常会对文章的写作背景还有文中的句式、通假字的读音、诗词中虚词的用法以及论证方法等进行详细介绍，然后通过做题的方式检验学生对文章的掌握情况，这种知识点反复讲解+技能训练的阅读教学方式容易使学生对阅读失去兴趣，会让他们觉得阅读就是为了做题。长此以往也养成了精读文章的习惯，对于任何类型的文章都要一字一句地研究，生怕漏掉什么知识点，大大降低了阅读效率。在作文教学方面，由于高考作文多要求学生写议论文体，所以很多教师把议论文的写作当成主要的作文训练方式，舍弃了其他文体的写作。要写好议论文需要作者有良好的论述功底，需要知道论证的结构，掌握各种论证方法。此外，还需要素材的积累以便写作时能有效运用来佐证自己的观点，可以说议论文的写作对学生是一次严峻的考验，要写好议论文不是一朝一夕的事，而只重视模板和套路的议论文写作注定缺乏真情实感，久而久之学生也会对写作充满厌恶，失去了表达的欲望。阅读和写作的训练，形式不能过分单一，这样会限制学生的思维，不利于学生的全面发展。

读写一体的单元整合式教学，实现了读写一体的多元化。在阅读方面，单元整合式教学摆脱了篇篇课文精讲的弊病，把阅读的主动权交还给学生，更多的是让学生自己去阅读和思考，在阅读的训练上采取浏览、略读、跳读等阅读方式，穿插比较阅读和群文阅读。在写作方面，拓宽了写作训练的渠道，采取了多样化的训练方式，其目的在于摆脱文体的束缚，创造轻松的写作环境激发学生写作的欲望，学生在多种形式的写作训练中，实现了写作技能的提升。

## 二、读写一体的高中语文单元整合式教学的实践原则

读写一体的单元整合式教学旨在培养学生的语文核心素养，在进行读写一体的单元整合式教学时需要遵循以下原则。

## （一）学生为主体原则

新课标强调要以自主、合作、探究作为学生主要的学习方式，所以在教学活动中要把学习的主动权交还给学生，培养学生的自主学习能力，引导他们对问题进行深入讨论和探究，在问题的解决中提升语文核心素养。坚持以学生为主体的原则，就是要在教学中的每个环节都能体现学生的主体地位，教师只是学习的引导者。学生为主体，是语文单元整合式教学的出发点，需要在以下四个方面进行考虑：

第一，单元整合式教学设计要以学生的真实需要为出发点，让学生成为学习活动的主人，设置与学生生活密切相关的情境任务，确保学生学习的积极性和主动性。例如"我们该如何阅读"便是基于学生的真实需要设置的情境任务。

第二，单元整合式教学设计的目标设计上要考虑学生的学习水平，根据学生的实际情况设置适宜的目标，不可设置高不可攀的目标。例如让学生在没有系统的学术训练的情况下让他们写一篇学术论文，这未免太为难学生。

第三，在单元整合式教学的过程中要根据学生的反馈及时地调整教学计划，要紧紧把握学生学习的兴趣点并转化为可操作性的教学活动，只有保证学生学习的积极性才能保证后期教学的有效进行。

第四，在单元整合式教学评价的设计上要坚持公平公正，关注学生学习的全过程。过去只重结果不看过程的教学容易忽视学生阶段性的发展。读写一体的单元整合式教学设计采用多种评价方式，如过程性评价、终结性评价等，在评价主体上也由原来的只有教师变成了教师、个人、小组，分别占不同的比重，这样有利于全面、公平、客观地评价学生的各阶段发展状况，关注学生的表现、兴趣，增强学生的自信心，激发学生的学习动力。

## （二）情境真实性原则

语文学科核心素养是学生在积极的语言实践活动中积累与构建起来，并在真实的语言运用情境中表现出来的语言能力及其品质。由此可见，真实的语言运用情境是培养学生语文核心素养的重要载体，离开了真实的语言运用情境，语文学科核心素养的落实就成了空谈。那么什么是真实的情境？真实指的是这种语境对学生而言是真实的，是他们在继续学习和今后生活中能够遇到的，也就是能引起他们联想，启发他们往下思考，从而在这个思考过程中获得需要的方法，积累必要的资源，丰富语言文字运用的经验。情境是单元整合式教学的关键要素，单元整合式教学要想达到预想的效果，便要设置真实有效的情境。这里所说的真实情境不仅要体现生活性，也要体现学科性，即这一情境的创设目的不仅在于激发学生的学习兴趣，也要考虑到学生能否在这一情境中获取语文知识和技能。

## （三）整合性原则

读写一体的单元整合式教学在设计时要有整合的思想，将学习资源、学习方式、学习内容等进行整合。

学习内容的整合。这里的学习内容主要指语文的知识，在进行读写一体的单元整合式教学时，要有整合语文知识的意识。一是要基于语文核心素养的实现来考虑，思考怎么设置体现语文核心素养的知识点和能力点；二是要注意知识点的分布，不可将知识点割裂或者笼统地堆砌，要体现知识点的层级分布，体现学习的梯度。

学习资源的整合。读写一体的单元整合式教学以教材中的单元为依托开展听说读写的活动，可以说教材中的课文是单元整合式教学重要的学习资源，但是教材的容量是十分有限的，仅仅依靠教材这一资源进行教学，不利于拓宽学生的视野，学生完成学习任务的效率和质量也会受到影响。在这个科技迅速发展的时代，教师和学生不可故步自封，闭门造车，要合理地利用多种学习资源辅助教学，学习资源可以是纸质的文本，也可以是多媒体资源、网络资源等。在本次单元整合式教学中就采用了多媒体资源等资源，有利于激发学生的学习兴趣，让他们对学习内容有更直观的感受。

学习方式的整合。读写一体的单元整合式教学将阅读与鉴赏、表达与交流、梳理与探究等学习活动融合在一起，实现了听说读写的有机整合，特别是读与写的整合，在教学过程中读与写的活动紧密结合，训练的方式丰富多样。

## 三、读写一体的高中语文单元整合式教学的实践框架

## （一）大单元整合，完成教学设计

### 1. 依据单元主题，整合教学资源

根据单元主题我们可以知道需要寻找与"学习"相关的学习资料，具体可以从"为什么学习""学什么""怎么学"这三方面去寻找，还要考虑教学资源的多样性和学生的需要。

### 2. 依据真实学情，设立教学目标

语文核心素养的四个方面是融会贯通、协同发展的，但并不是并驾齐驱的关系，在教学目标的设计中要根据学情和教材的情况分清主次，以学情和学习内容为转移，明晰本次

教学应重点发展学生的哪些素养，其他的素养如何在教学中进行辅助，这就避免了教学目标设计模式化和同质化的问题。以四核定位的教学目标体现的是以学生为中心，不再是以前的以知识为中心，贯彻了立德树人、以人为本的发展理念。

### 3. 针对单元要求，拟订课时计划

以往的单篇课文教学课时一般不长，而单元整合式教学不同于单篇教学，它是个综合的教学活动，学习内容较多，需要较长的课时来实施，因此教师要根据本学期的教学计划安排等具体实际情况来拟订课时计划。单元整合式教学是一个动态生成的过程，在实施的过程中教师要进行有效的监控，如果在实施的过程中出现问题，要及时地调整相关的教学计划。

### 4. 依据教学目标，创设情境任务

明确教学目标，便可根据教学目标设置相应的任务，需要注意的是设置的任务要基于真实的情境，这里所指的情境与平时我们所说的文本情境是不同的，是贴近学生的学习生活且能激起其探索和学习欲望的特定情境，学习是学生日常比较关心的话题，所以探讨如何学习便是一个比较真实的情境。

### 5. 依据学习任务，设置教学检测

教学检测是单元整合式教学的重要构成，学生的学习情况，任务的完成情况，都需要在教学的过程中进行检测，读写一体的单元整合式教学整合读写一体的任务，考查学生在真实情境下解决实际问题的能力，重视学生在整个学习过程中的学习状况，采用了过程性评价与终结性评价相结合的方式对学生的学习活动进行检测。

## （二）落实设计，实践教学

在单元整合式教学的设计阶段，教师根据单元主题与任务设置了一系列层次递进的学习活动，在实施阶段教师充当的是教学的组织者和引导者的角色，教学中充分利用网络平台，引导学生在阅读与鉴赏、表达与交流、梳理与探究中解决相应的问题，实现读写的融合，提升学生的语文核心素养。实践过程主要体现在以下四方面：第一，自主研读。单元整合式教学鼓励自主、合作、探究的学习方式，强调发挥学生在学习中的主体地位。在单元整合式教学的课文学习方面，教师主要采取让学生自主研读的方式，提供给学生阅读任务卡，学生在阅读的过程中填写阅读任务卡，罗列课文的主旨、中心思想还有自己存在疑惑的地方等。第二，合作探究。学生自己组队并参加辩论赛，考验了学生的团队协作能力，在辩论的过程中教师要进行有效的监督，宣读辩论赛的相关规则。第三，读写一体。

阅读与写作的训练紧密联系，学生在每一个课段中既有阅读训练也有写作训练。第四，线上与线下结合。高中新课标提出要积极地利用网络平台实现线上与线下有机结合的教学生态模式。信息化时代背景下，教师应思考教与学方式的转变，打破传统的语文教学模式，充分利用信息技术的优势，让学生实现线上与线下的交互学习，体验多样化的学习过程，提高学习效率。在单元整合式教学中，要将线上与线下结合，可以利用班级创设的 QQ 群和微信群等实现学习资源的共享，对学习的过程进行记录。此外还要说明的是，整个单元整合式教学过程教师要利用录像设备进行记录以便为后期的教学反思提供材料。

## （三）反思教学，完善教学实践框架

在设计了单元整合式教学的教学方案并实施之后，教师需要对整个单元整合式教学的活动进行反思总结。第一，教师要安排时间仔细观看自己的教学实录，分析得与失。从单元整合式教学的开始到结束，自己的教态是否得当，音量是否合适，以及在表述的时候是否流畅等，学生是否表现出疑惑，还有整个教学过程中学生的状态如何都要进行记录。此外，教师可以将自己的教学实录分享到一些著名的视频网站，例如优酷和爱奇艺，或者上传到抖音等短视频 APP，在这个网络共享的时代，每个人都和互联网紧密接触，许多语文教育的同行看到会提供相应的建议，这有利于集思广益，改进教学。第二，在班上开单元整合式教学总结会，让学生谈谈这次单元整合式教学的收获，说说哪些环节自己是比较喜欢的，然后把自己觉得不明白的或者不感兴趣的部分挑出来，在此基础上提出自己的建议，教师可采纳学生的合理意见并进行记录，为下次单元整合式教学提供参考。第三，教师在单元整合式教学结束后向听课的教师请教，询问他们本次单元整合式教学中的读写活动设置是否合理，课时的安排是否恰当等，让他们指出本次单元整合式教学中存在的问题，以便今后改进。第四，要将本次单元整合式教学中每个学生的学习成果，包括作文、书评、手抄报等进行整理归档，每个学生一个档案袋，教师认真查阅学生的学习成果，检测他们是否达到了单元整合式教学所要求的目标，分析学生在哪一个部分完成得比较好，哪个部分有待提高，为下次活动的设计提供经验。教学反思是单元整合式教学中的重要环节，语文教师在单元整合式教学结束后要及时反思，总结经验，完善单元整合式教学实践的框架。

# 第五章 高中语文项目式教学方法

## 第一节 项目式教学的理论基础

### 一、项目式教学概述

项目式教学是一种建构主义理念下以学生为中心的教学方式，它主张学生通过一定时长的小组合作方式，解决一个真实世界中复杂的、具有挑战性的问题，或完成一项源自真实世界经验且需要深度思考的任务，在解决问题或完成任务的过程中，精心设计项目作品、规划和实施项目任务，进而逐步习得包括知识、可迁移技能、高级思维能力、关键品格等在内的核心技能与核心素养。它将基于知识传授的传统教学转变为专注于项目完成、职业体验和解决问题的多维交互式教学。传统的课堂教学活动主要由教师主导，学习对象及学习媒体为教科书，学习内容和形式单调，学习环境固化，学习过程同步，所以无法满足学生的个性化发展需求。而项目式教学通过调整教学内容、拓宽教学环境、改变教学模式、改革评价方式等，最终使学生充分发展创造力和创造性思维，取得良好的教学效果。

### （一）项目式教学的内涵发展

随着时代的发展和研究的深入，人们逐渐认识到，项目式教学除了使学生掌握技能外，对于个人兴趣和经验也具有特殊意义。项目式教学不仅要考虑从设计到结果的单个项目的完整性，还要考虑学科逻辑。斯奈登将项目定义为"教育活动单元"，并指出其主要特征是项目成果有明确而具体的形式，学习者最终将通过执行活动任务而获得丰富的知识和经验。但是，该定义并未明确说明项目属于哪种"教育活动"，而是将完成项目视为一种体力活动。查特斯指出，项目就是在自然场景下实施并完成的，需要解决相对复杂问题活动；其问题要由学习者根据需要在解释原理的进程时提出。他不仅将"项目"和"问题解决"进行了链接，还提出了定义问题的时机，强调项目应与现实生活的真实场景相关。项目应具有下列特征：必须从问题开始、基于价值或意义、学生积极投入、很少以完成的形式结束。上述项目式教学的定义具有不同的观点，但都不具有通用性，并且难以在整个教育领域为项目式教学提供概括和宏观指导。

项目式教学是旨在实现儿童自主学习的教学活动，内部学习动机是项目式教学的重要特征。它的主要内容包括以下四方面：项目必须是一个要解决的实际问题；它必须是有意义的单元活动；学生必须负责计划和实施；包括一项有始有终的活动，可以增加经验，以便学生可以通过该项目实现重大发展和良好成长。

20世纪70年代末80年代初，美国的一些教育先驱者认为，应将基于项目的学习与传统的教学模式协调起来，以解决课程教学和项目式教学之间的矛盾。基于项目的学习不再局限于手工操作和建筑，而被认为是一种深度学习。它不仅用于解决或探索现实生活中的问题，还可以培养学生动手能力以外的其他能力。其他学者认为，基于项目的学习应该使学生能够深入学习某个领域的知识，并获得其他学科的知识和方法以扩大视野，因此项目应该是更复杂的任务。为了解决需要回答或处理的挑战性问题，学生必须全身心投入决策和研究活动中，以设计方案并解决问题。项目结果可以是论文、研究报告、档案、计算机程序、模型或口头报告等形式。这些研究极大地丰富了项目式教学的内涵和主导思想。这样，项目式教学从"是什么"到"如何做"都有了非常清晰的概念，其思想也被普遍接受。

## （二）项目式教学的价值提炼

项目式教学不仅是21世纪技能运动的先驱，而且是学习方式的一场革命。它从根本上改变了学生、教师、学习材料和学习环境这四个教学要素之间的关系及作用：授课的教师成为资源的提供者和学习活动的参与者，从教师变成学生学习的顾问或协助者；过程性评价或绩效评价与表现性成果相结合；关注学生的兴趣，最直接的学习材料是现实生活中的实际问题，而不是教科书；因为知识是用来解决问题的，所以学生在解决实际问题的过程中会通过决策整合、批判性思维和合作学习活动来了解世界，从而获得知识，发展个性并获得能力。因此，基于项目的学习是一种跨学科的深度学习，项目式教学包含了传统教育无法替代的创新教育理念。

### 1. 项目式教学要素

项目式教学要素包括内容、活动、情境和结果四个部分。

（1）内容

内容主要是指项目的主题选择和学习目标，它是现实生活中的实际问题与课程标准的结合。一般而言，基于项目的学习是从查阅资料开始的，有些项目需要进行深入的调查研究。因此，在实施该项目之前，教师需要根据项目式教学内容、学生现有的能力和经验、学时的安排及自身能力来确定项目的范围。

（2）活动

不同主题的项目，其目标和活动的主体也不同，因此需要在具体分析的基础上确定活动单元、活动任务及评价方案。分析项目式教学的目标，设计适当的项目活动方式，如调查、实验、模型制作、情景剧编排等，制订项目计划并准备相关资源。项目活动的安排强调三个"完整"：首先，教师应引导并要求学生经历事情的完整过程，在实践中体验项目的意义和价值，并产生取得项目成果的强烈愿望；其次，教师应指导并要求学生完整地研读学习内容，以完成项目或学习任务并解决核心问题，在小组互助学习、合作交流的基础上，形成总体的展示思路和展示内容，然后进入展示环节；再次，教师要特别强调学生就某一话题、某一成果或某一任务进行整体性展示，避免教学过程中的碎片化展示或师生间的问答式教学。与传统的教学活动相比，项目活动更加复杂，更具挑战性，更有利于培养学生应对未来挑战的能力。

（3）情境

项目式教学应创造一个适合探究的情境，以充分调动学生的求知欲，激发学生的好奇心，并吸引学生参与到教学活动中。好的情境是由真实问题或任务驱动的，并允许使用各种学习资源和工具来支持学生的学习。一个丰富的问题情境可以促进学生之间的团队合作。好的问题情境还可以长期保持学生的学习兴趣和学习热情，从而促进学生的深度学习。

（4）结果

项目式教学的结果以作品的形式体现。每个项目都有明确的学习目标，完成项目活动后，学生需要掌握相关知识并发展某些技能。项目式教学通过项目作品展示学生的学习结果，作品形式可以是实物、模型、报告、论文、设计方案、艺术品等。项目作品是学生在项目学习中所获得的知识与技能的重要表现性评价指标。

## 2. 项目式教学设计要求

要设计一个成功的学习项目并尽可能调动学生的学习和参与热情，必须专注于核心知识、关键能力和成功素养。项目式教学向学生教授重要的内容标准、概念和深度理解的技能，这为学生掌握学科知识奠定了基础。如今，学生在学习中仅掌握知识并理解概念还远远不够。无论是在学校、工作场所还是在社会上，人们都必须了解如何批判性思考、如何有效地解决问题、如何与他人合作，以及如何有效地管理自己。这些能力被称为"成功必备技能"，也被称为"21世纪的基本技能"或"大学及工作的预备技能"。我们建议所有项目式教学都应注重这些成功的技能：批判性思考的能力、解决问题的能力、团队协作的能力、创新创造的能力及自我管理的能力。当然，项目式教学还可以促进其他技能的发展，如思维习惯、工作习惯和某些个人素质。

设计项目时，应包括以下七个元素：

（1）具有挑战性的问题

研究和解决问题，探索和解决困惑，是项目式教学的核心。一个有吸引力的问题将使学习对学生更有意义。这个问题应该毫无疑问地对学生构成挑战，并且最好是一个开放性的、学生通过科学探索能够解决的驱动性问题。

（2）持续探究

与在书本或网络上随意浏览不同，探索意味着更积极、更深入地搜索或查找信息。探索通常需要一些时间，这意味着该项目将至少持续几天。在基于项目的学习中，探索是逐层加深的。当学生遇到具有挑战性的话题时，他们会提出问题，通过各种途径寻找问题的答案，然后提出更深入的问题，重复此过程，直至找到一个令人满意的解决方案或答案为止。

（3）真实性

真实性意味着学习的内容或任务与现实世界相互关联。项目的真实性将增加学生学习的动力。项目的真实性可以体现在以下方面：项目具有真实的背景，项目可以使用现实世界中的工作流程、任务、工具和绩效标准，项目可以对其他项目产生真实的影响等。项目还可以反映个人的真实性，如该项目与学生自身的烦恼、兴趣、文化、身份或生活中的其他问题有关。

（4）学生的话语权和选择权

这使学生对项目有一种主人翁感，他们将更加关心该项目并更加努力地学习。能力强的学生可以自主选择项目的主题和性质、编写自己的驱动性问题，并决定如何探索问题、展示所学知识及分享工作成果等。

（5）反思与总结

在整个项目中，学生总是反思自己在学习什么、如何学习以及为什么学习。对知识内容理解和掌握的反思可以帮助学生巩固所学知识，并思考如何在项目之外应用这些知识。对技能发展的反思可以帮助学生内化对技能的理解，并为进一步发展技能设定目标。对项目本身的反思可以帮助学生决定如何设计和实施下一个项目。

（6）评价与修正

通过深思熟虑的评估和修订，可以创作高质量的项目作品。教师应指导学生如何设计评价量规和评价标准，并且教会学生如何利用同伴反馈信息及建设性的评价建议，这些反馈将改善项目流程和项目产品。除了同伴和教师，其他人也可以通过展示真实的观点为评估过程做出贡献。

（7）公开展示作品

在项目式教学中，要求创建作品并公开展示。项目作品可以是有形的，可以是一个设计方案，也可以是一个复杂问题的解决方案。

## 二、语文项目式教学特点与内容

### （一）语文项目式教学的内涵

项目式教学运用到语文教学中，就是以课程标准为依据，基于语文核心知识、核心概念、上位问题和关键能力、必备品格统整学习内容，形成学习项目（或学习主题、专题、综合性学习活动）；设计与学生现实生活相关联的问题情境和挑战性任务，引导学生选择和利用最优化的学习资源及混合式学习环境，提供学习支架，开展以阅读与鉴赏、表达与交流、梳理与探究等为重点的语文实践活动，在解决问题、建构项目"产品"的过程中，获得可迁移的语文知识和能力，从而提升语文学科核心素养。项目式教学法凸显对学生问题意识、创新理念、实践能力等核心素养的培养和建树。项目式教学可以"引导学生将当下的读书与做事（项目）、做人（素养）建立关联，将学校学习与未来个人生活、校外社会实践建立关联"。项目式教学所倡导的学习理念，可以帮助学生学会认知，学会做事，学会共同生活，学会生存，是落实素质教育，培养21世纪人才的重要途径。

### （二）语文项目式教学的特点

项目式教学以项目的形式把与社会实际生活相关的内容融入国家基础课程，并使学生以项目小组的形式参与到学习活动中。基于项目的学习是学生通过一定时长的小组合作方式，在解决一个真实情境中具有挑战性的问题，或源自真实世界经验且需要深度思考的任务过程中，设计项目作品、规划和实施项目任务，逐步习得包括知识、可迁移技能、高级思维能力、关键品格等科学素养的学习方式。相较于传统的学习方式，语文项目式教学具有以下鲜明特点。

#### 1. 学习内容的整合性

语文项目式教学以学科基本概念和原理为中心，选取聚焦学科概念、体现学科素养和关键能力的教学主题进行分析，诊断出学生的已知点、障碍点和发展点，找到该主题学生素养发展和能力提升的功能价值与教学要求，然后对学科内容按照专题进行整合，对涉及学科的知识进行深度融合。项目式教学因为学习内容、学习任务的整合性特点，不仅需要学生课上课下进行学习，还要线上线下、校内校外来完成，学习时空更为宽广，学习社群更为多元。

### 2. 学习项目的学科性

语文项目式教学不是单纯的教学活动，而是建构语文知识、形成语文能力、发展语文素养的载体。项目活动是为了探究项目背后的学科价值与意义，它指向的还是学生听、说、读、写、看等能力的提升，还是语文学科的工具性特质——"语用"。不同于传统教学法的是，这一过程是真实的、主动的。教师在设计项目时，要思考项目的设计与语文的关系。语文项目设计必须注意项目内容与语言文字运用的有机结合。语文项目式教学应该明确让学生知道能够用语言文字做什么，即学生在语文方面应该达到的知识与能力目标应清晰。梳理语文知识体系、语言的比较与鉴赏、辩证客观的评价、恰当的表达等语文项目目标的设立，要落实在语文学科核心知识和核心概念之上。

### 3. 学习项目任务情境的真实性

项目式教学需要创设基于真实生活情境的任务，激发学生参与学习的兴趣和热情，引导学生去解决现实生活中的问题，打通学习和生活的通道，真正实现学习的价值。只有反映现实生活的真实问题，才能激发学生学习的内在动力，引发学生去主动探究。在设计语文项目式教学的任务时，要尊重语文学习规律，关注日新月异的现实生活，通过具体而有效的任务，引导学生在实践中建立起语文学科知识与生活情境的关联，在学习体验中建构新的知识和能力。项目式教学的教学内容和学习方式是高度综合性的，学科知识不是终点，也不是最终目的。在学习体验中，学生将学科结构转化成认知结构。在学习反思和迁移中，重建知识产生的情境任务，通过学生的学习活动，建立和生活的言语关联，在不断的重建中，学生素养得到发展。

项目式教学不像传统教学那样先学习知识再解决问题，而是一种以学生为主体、以专业领域内的各种问题为学习起点、以项目主问题为核心规划学习内容，让学生围绕项目来寻求解决方案的学习方法。因此，项目式教学以有价值的项目问题为驱动，去设计课堂的问题链，目的是了解或者解决来自社会生活中的问题。研究的问题是从学生的经验出发，并基于真实生活情境提炼出来的，所以选择的主问题一定要具有开放性，这样才能驱动学生思考、研讨，并在解决问题的过程中，想方设法去创新。具有开放性的实践，可以增强学生对于语文知识和现实生活联系的认识，提升学生利用学科知识解决真实生活问题的能力。

### 4. 学习过程的协作性

教师整体规划出项目目标后，针对真实情境下的驱动问题，精准且有梯度地设计教学环节和学生活动任务。从确立项目活动小组，确定师生之间、生生之间的任务分工，到活动小组设计活动方案、寻找资源探究问题，再到最后的成果展示、交流分享，生生、师生之间共学共创，协同合作，建立项目团队的共生关系。

在项目式教学的过程中，教师原有角色的职责仍然存在，同时又是项目目标的主要确定者、教学项目的主要设计者和项目实施的规划者，创设问题情境和挑战性任务，推动项目开展。活动小组为完成学习任务及解决某一核心问题而完整地研读学习内容，并设计活动方案。活动形式包括阅读、写作、访谈、调查、编排情景剧、辩论、搜集资料等。利用各种校内外资源，包括当地社区、文化馆、博物馆、史志办、纪念馆、大学等。通过系列活动，形成访谈纪要、调查报告、舞台剧、文创产品等项目产品。这种多层次、多角度、合作化的学习形式为学生构建了动态的、开放的、交互性的学习环境。在这个过程中，学生必须分工合作、规划安排、落实检查、据情调整，是一个完整的协作过程；而在项目实施过程中，教师也要根据项目的进程、学生的表现，适时调整、优化教学计划和项目要素。针对学生问题，及时提供学习支架，做学生学习的协作者、指导者，帮助学生顺利完成项目。

展示环节是体现学生深度学习和深度思考的重要活动内容。小组成员在互助学习、合作交流的基础上形成整体的展示思路、展示内容、展示环节，从而达到对人文底蕴和科学精神的进一步培养与升华的目的。在项目的最后阶段，教师要对项目小组完成情况做出评价，并及时查漏补缺，优化提升，引领学生实现能力迁移。项目式教学的最终成果涉及一个产品、一份报告或实作的设计，教师不是简单布置任务让学生自主自由应对，而需要遵循从扶到放、有扶有放、扶放有度的原则，与学生精心规划，经历从确立目标和明确任务开始，到组建项目团队、提出挑战性问题、分配或者寻找资源、分析比较解决方案，直至形成最终产品或者成果、分享交流展示、反思总结提高的完整过程。

### 5. 学习成果的自主性和建构性

语文项目式教学强调以学生发展为中心，从人的发展的广阔角度看新世纪语文教学所面临的问题及教育的作用。它改变了传统课堂过于注重知识传授的倾向，强调学生应形成积极主动的学习态度，学生由被动接受知识变为主动建构知识，而教师则是项目实施中的合作者和促进者。在项目式教学中，学生以小组合作为主，可以通过书籍、学习资源库、网络、实践活动等多种工具获取学习资源，可以利用网络和多媒体技术、课堂教学、校本课程、实践活动等完成学习任务。这种教学活动具有层次性，由浅入深，由易到难，由表及里，为学生构建了一个动态、开放、交互性的学习环境，有利于培养学生的自主学习和合作学习能力，有利于培养学生的问题意识和质疑精神，真正提升学生的能力与素养。

在项目式教学中，学生知识和能力的习得不再是传统教学中来自教师的传道授业，而是在教师和同伴的互助下自主建构形成和发展起来的。学生要做的不是类似传统课堂中对知识进行记录、记忆，而是在一定的情境下，以解决一个任务为驱动性目标指向，采用各种手段、策略，独立或借助教师的支持，自主寻求或自主建构学习意义。简而言之，学生解决问题的过程就是主动构建知识、获取知识的过程。

对项目式教学而言，教学任务来源于真实的问题驱动，项目的选择是开放式的情境，完成项目没有现成的答案可依，也没有一定的规则限制，需要学生结合已有知识背景，在实际操作中自主运用创造性思维、发散性思维、批判性思维等来帮助项目完成。通过探究解决问题，使学生成为积极的、互助的学习意义建构者，促进深度学习的发生。

## （三）语文项目式教学的构成要素

语文项目式教学作为综合性、长程性、建构性的一种教学方式，包括以下四个基本要素。

### 1. 学习目标

语文项目式教学和其他教学法一样，必须有明确的教学目标。新课标明确了语言建构与运用、思维发展与提升、审美鉴赏与创造、文化传承与理解四方面的学科核心素养，又将课程目标细化为 12 个能力点。在具体教学过程中，教师要将以上素养和目标分解并有机地融入语文项目中，让学生在建构具体项目任务的过程中，获得知识，发展能力。教学目标除了可观、可测的语文核心素养之外，元认知能力的培养也应得到关注，有些元认知技能虽是"软技能"，却是学生适应未来学习和生活必备的关键能力。

### 2. 学习项目

作为教学载体的项目，必须满足三个条件。

首先，项目必须包含丰富的语文要素，具有形成语文知识和能力的功能。

其次，项目要具有真实性，和学生感兴趣的现实生活勾连起来，让学生喜闻乐见，能够激发学生的学习热情。

最后，项目成果具有可展示性，便于交流、激励、矫正、优化和迁移。同时，引领学生开发丰富多彩的项目成果。在语文项目学习中，有些项目成果只呈现过程并没有最终的作品，如讨论、辩论、答辩等；有些项目成果会通过调查报告、研究论文、海报、音频、视频、展览、网页、活动等呈现出来。

### 3. 学习小组

在项目学习过程中，学生是以项目实施者的身份出现的。根据项目规划和设计，班级要建立项目小组，项目小组要建立项目工作单，师生等该项目活动的所有人员都有明确的项目任务，形成"学习共同体"，分工合作，为完成各自的任务而进行参观采访、收集资料、撰写报告、成果建构、产品展示等语文学习活动。在小组项目组长的指导下，大家集思广益，成果共享，交流反思，不断使个人和小组项目成果优化。

### 4. 项目资源

语文项目学习的资源既来自各类文本，也来自多媒体资源和网络资源。除此之外，自然风光、文物古迹、风俗民情、国内外重要事件、日常生活等都是项目学习的丰富资源。在开展项目式教学时，教师要打造"混合式学习环境"，这种混合，既包括课上课下、校内校外的混合，也包括线上线下的融合，将语文项目学习和信息技术深度融合，如各种多媒体技术、网络技术、移动学习技术、传统媒体技术等。学生还可利用多种信息技术制作出语文项目成果，在网络平台上分享。

# 第二节　语文项目式教学系统的构建

## 一、项目式教学的内容选择与目标制定

### （一）理论前提与方向依托

#### 1. 以对项目式教学的理解为前提

项目式教学是将某门专业课程按类别分为若干能力单元，每个能力单元作为一个教学项目，实行理论、实践一体化的单元式教学。每个单元教学都应以该项学科能力完成一个项目结束，并能服务于下一个项目单元的教学。简而言之，项目式教学是一种方法，更是一种方案。

每一个项目单元的设计，都应该有一个清晰明确的能力目标，合理、有效的教学目标，能让项目活动有针对性、实效性、可操作性，能有效克服项目式教学活动中的随意性、盲目性、重复性，是教学活动的指挥棒。

#### 2. 以国家育人需要与学科核心素养要求为导向

以中国特色社会主义理论体系为指导，明晰国家立德树人的根本任务，遵循教育规律，着力发展学生的核心素养，促进学生全面而又个性地发展。这是新的语文课程设计的

根本依据，同样也应是我们进行项目式教学目标设定的核心导向。

学科核心素养是学科育人价值的集中体现，是学生通过学科学习而逐步形成的正确价值观念、必备品格和关键能力。项目式教学活动作为学科教学的一种方法，学科育人的一种途径，活动目标的设定必当符合核心素养培养的要求。语文核心素养主要包括"语言建构与运用""思维发展与提升""审美鉴赏与创造""文化传承与理解"四方面，四大核心素养是一个整体，语言是基础，其他方面都是以语言的建构与运用为基础，在学生个体言语经验发展过程中实现的。学校语文学科项目式教学活动实施以整本书阅读教学活动设计与微项目开发相结合为主要途径，为学生的语文学习提供具体的语言环境，为其发展个体言语经验提供平台，目标设定意在引导学生在运用语言的过程中提升语文素养。

### 3. 以项目素材的文体特点为依托

项目式教学目标的设定必须着眼于学生将来的发展，设计者必须对具体的项目素材对应的"哪些能力是学生闯荡未来世界所必需的"进行深入思考并做出回答。

换言之，语文项目式教学的活动设计，应根据不同文体的具体特点，确定不同的学习目的，设计不同的项目任务。以"整本书阅读与研讨"项目设计为例，如若选择阅读一部长篇小说，目标设定重在引导学生反复阅读品味，深入探究，欣赏语言表达的精彩之处，感受、欣赏人物形象，探究人物的精神世界，体会小说的主旨，研究小说的艺术价值。如若选择阅读一部学术著作，目标设定重在学会梳理全书纲目关联，做出全书内容提要；把握书中重要观点和作品的价值取向；了解本书的学术思想及学术价值；探究其语言特点和论述逻辑……也就是说，语文学科的项目活动设计意在结合所阅读的作品，在了解不同文体作品写作的一般规律的基础上，根据诗歌、散文、小说、剧本等不同艺术表现方式的具体特点，引导学生从语言、构思、形象、意蕴、情感等多个角度欣赏作品，以提升相应的语言建构与表达的能力、获得审美体验、认识作品的美学价值为项目活动目标设定的主要依托。

### 4. 以不同项目任务的能力指向为着眼点

每个具体的项目活动设计都有其相应的语文能力的训练目标，而这种能力目标亦决定了项目活动目标的最后确定。

项目活动是以学生完成一个最终的项目成果作为结束的，而语文学科特点又决定了语文教学重在关注过程而非结果，合理的项目目标的设定则在其中发挥了必要的桥梁作用。项目目标既是活动过程中预期实现的能力训练目的，也是项目成果完成的必要条件，因此，项目目标的最终确定是要以具体项目的能力训练指向为着眼点，并结合具体学段的学情完成的。

## （二）目标系统的构建

语文学科项目式教学的具体尝试是结合新课标中学习任务群要求进行的，即以"整本书阅读与研讨"作为项目式教学在本学科的具体实施。下面就以整本书阅读教学的目标设定为具体参照展开对目标制定的阐述。

### 1. 明确某本书或者某个单元的阅读目标

设定整本书共读目标前，我们应先思考：为什么要带学生读这本书？这个问题很重要。

旧的教材框架下，一线教师很难对学生的阅读进行整体构思。看到《平凡的世界》很感人，《老人与海》很励志，觉得适合高一年级读，于是，读；看到《论语》《红楼梦》适合高二年级读，于是，读；看到《史记》《悲惨世界》适合高三年级读，于是，读！

这样的阅读，有些随心所欲。因为，整本书阅读，一旦进入课堂，它就是课程内容。课程内容，岂能如此轻率？

因此，在思考整本书阅读目标之前，教师要先站在课程层面思考这样一些问题：我为什么要选择读这本书？它与教材有什么关系？需要几课时完成这本书的阅读？课内教学内容与教学时间如何实现协调？

其实，不仅这一本书需要思考这些问题，整册教材的教学实施乃至于整个教学阶段，都要做这样的通盘思考。否则，整本书阅读就成了西瓜皮。

为什么要做这样的资源重组？因为，大部分一线教师，是没有重组教材单元能力或时间的。对于教材，我们不用轻易打乱，可以原封不动地按编排顺序教学，该精读的精读，该略读的略读。在此基础上，每单元进行一次群文阅读。每月进行一次整本书阅读。这就形成"单篇教学—群文阅读—整本书阅读"的阅读生态群，形成系列式项目单元设计。单篇打基础，群文促发展，整本书提素养，三类阅读形态形成一个螺旋上升的目标群。

建立这个资源包，选文是关键。主要思路有三条：一是按照人文主题组建资源包；二是按照阅读策略组建资源包；三是两者交叉的思路。

这样，我们便能把整个高中必修教材内容组建成由一个一个大单元组成的学习资源包。而且，这些阅读内容大部分是在课内完成的。这样做最大的优势是，原本需要在课外阅读的内容，水到渠成地走进了课内，学生的阅读半径将会有几十倍的扩展。

因此，设定某本书的阅读目标之前，先思考为什么读这本书。这是最重要的一个问题。

**2. 整本书阅读教学的基础目标和发展性目标**

设定整本书阅读教学目标，应该充分考虑以下四方面的要素。

第一，学情。学生的阅读基础和阅读习惯，应该成为设定目标的第一要素。一切从学情出发。不同阅读基础的学生，阅读目标差异度是很大的。

第二，课标。要充分关注课标对该学段阅读的总体要求，不轻易拔高要求。这点，将在下面具体课例中阐释。

第三，课型。不同的课型，不同的阶段，有不同的目标要求。导读课、分享课、延伸课，目标是各不相同的。

第四，体裁。小说、散文、诗歌、文化评论性文本……不同体裁的书，其阅读策略和阅读重点各不相同，因此，目标也随之发生变化。

目标可以有基础目标和发展目标。基础目标，应该是和教材单元目标一脉相承。发展目标是对整个单元语文学习目标的整体适度提升。这个基础目标，不同学段、不同文体、不同基础的学生有不同的要求。

**3. 整本书阅读教学指导的不同时段，应有不同的目标**

导读课、讨论课、成果分享课、延伸活动课等，都有各自的使命，目标也应有所不同。

（1）导读课目标

第一，无论是哪本书，导读课的基础目标，都是激发学生阅读一本新书的兴趣。

第二，鸟瞰整本书内容，了解这本书的梗概。

第三，对作者、写作背景或相关评价，有一个大致的了解。

这三方面的目标，有时候都需要，有时候可选择其中一二。当然，导读课还有更重要的使命，那就是渗透阅读策略。

（2）成果分享课目标

所谓分享课，就是经历一阶段师生共读后，教师带着学生一起分享阅读感受与发现。这样的课，目标更为多元。可以是指向文学感知的，指向阅读策略的，指向思考方法的，指向写作训练的，等等。

（3）延伸拓展课目标

整本书阅读的延伸课，更多地以活动来呈现，而不是课。阅读沙龙、课本剧表演、讲故事、朗读等，这样的学习活动，更多地体现为行为表现。此处不赘述。

这里特别需要强调的是，教师在设定整本书共读目标的时候，要有"壮士断腕"的勇气和决心。一本书，可以开掘的元素有很多。花个十节、二十节课聊它，都不为过。但是，课堂时间是个常数，一旦任性，就会失控，课文教学就会受到冲击。因此，我们要精心选择最能凸显这本书特色的，以及和这个单元教学高度吻合的点。一般来说，花在整本书共读鉴赏上的教学时间，以不超过一星期为宜，一般 3~4 节课足矣（整个读书过程可以持续一个月到两个月）。一本书，是读不完，也是读不透的。教师带着学生发现这本书的几处精彩，点到为止，剩下的，让学生慢慢和书谈一场长长的"恋爱"。

（4）项目目标的开放性、生成性

整本书阅读的教学，不同于单篇课文教学，目标不应是既定的、僵硬的，应是混沌的、多元的、生成的。师生就像拉家常一样，聊着聊着，聊出智慧，产生火花。从这个意义上说，整本书阅读教学的目标，可以适当留白。有时候话题来自学生，教师事先不知道学生到底会对什么感兴趣。教师更多地根据学生的疑点、兴奋点，即时生成教学资源与目标。

整本书的阅读与研讨，是不同于常规教材内容教学的语文课。师生只不过是在语文课上共同聊一本书。兴致勃勃地聊起来，两眼放光地聊起来，充满激情、自信满满地聊起来，这本身就是语文素养培养的目标。这样的聊天，更多呈现一种开放、混沌和不可预测性。这就需要教师有比较深厚的文学素养和高超的课堂调控艺术。否则，驾驭不了这样的"聊课"。

总之，作为语文项目式教学落地实施的整本书阅读教学的目标，应该整体构思，依标扣本，因书而异，因生而异，因时而异，适度预设，适时生成，走向丰盈。

## 二、项目式教学的素材收集与问题设计

### （一）素材收集

项目式教学，指的是学习者针对特定的学习项目，最大限度地选择并充分利用各种学习资料，在具体操作、实践探索、亲身体验的过程中掌握更加完整且具体的知识，形成特定的专门技能，实现各项能力充分发展的一种学习方式。

在语文项目式教学中，教师除了要创设问题情境和挑战性任务之外，还要为学生提供尽可能丰富的学习资源。语文项目式教学的资源离不开各类文本，包括口头材料、书面材料和视觉材料。此外，语文项目式教学应和信息技术深度融合，如各种多媒体技术、网络技术、移动学习技术与传统媒体技术等。教师应整合教学内容，合理运用信息技术，一方面将整合的教学资源通过网络进行推送，另一方面通过网络进行交互式学习。在线上线下

结合的混合式学习环境中，学生获得的学习资源将更为丰富，学习时空更为宽广，学习社群更为多元，学习反馈更为及时。

项目式教学素材可分为探索性素材、跨学科性素材、长期性素材、多层次性素材、实践性素材、开放性素材等。

### 1. 探索性素材

项目式教学作为一种让学生开展创作、验证、完善、制作出一定"产品"的活动，其内容可以是模型、产品、剧本、发明创造等各种类型。项目式教学的过程通常为发现问题、提出问题、分析问题和解决问题，并包括假设、验证、结论、评价等阶段。开展项目式教学是一个复杂的思考过程，学生需要进行全方位、多角度的细致思考，将发散思维和集中思考结合起来，才能最终解决问题。因此，在解决项目式教学问题的过程中能够培养学生的探索精神和创造思维的能力。对于学生，则可以挑选自己感兴趣的项目式主题，以更好地发挥自己的能力，真正成为学习的主体。

### 2. 跨学科性素材

项目式教学所涵盖的内容要远大于传统的学科课程，而且通常不局限在特定学科范畴内，具有跨学科的属性，在学习的过程中需要整合其他学科的知识和技能。特定学科的课程培养目的单一，即培养学生的学科能力；而项目式教学则需要整合多学科的基础知识、研究方法和当今社会的热点问题，是超越了学科框架进行的整合，旨在培养学生解决实际问题的能力。因此，项目式教学通常需要学生调动多种资料来源，包括翻阅书籍、查询网上资料、面对面访谈，甚至是进行实验操作来开展具体研究。这就有可能出现针对同一个主题的项目式教学，不同学生收集了不同的资料，产生并不完全相同的结果，这一点与传统的教学模式形成了鲜明的对比。

### 3. 长期性素材

与其他教学方式不同的是，项目式教学并不局限在一堂课或几堂课，而是通过若干节课甚至整个学年串联起来的，持续较长的时间，这就需要参与项目式教学的学生更加有效地调动时间、资源和工具。同时，教师作为项目的指导者也应当更好地指导学生妥善地安排时间，合理地利用资源，制定并遵照进度表开展项目式教学研究。

### 4. 多层次性素材

不同年级的学生参与项目式教学的能力和素质也不尽相同，因此可以按照年龄来进行项目式教学的分层与分段。对低年级的学生来讲，更多的是由教师来完成课题选择，教师在选题时通常从学生日常所熟悉的生活、学习环境入手，选择与家庭、同伴、学校相关的主题，突出当地的人文和历史文化特色，教师发挥制订计划、过程监控、结果评价等指导作用，指导学生用掌握的基本学习技能来完成项目式实践；而对高年级学生来说，教师通常不直接决定课题来源，而是采取师生合作的方式商定课题，选取的范畴则可以从社区、城市、家乡扩大到国家、世界，教师在项目开展的过程中指导学生的频次也会降低，在学生发挥主体作用开展研究的过程中进行适度的指导和帮助，并对最终学习成果进行督导。

### 5. 实践性素材

与传统的教学模式不同的是，项目式教学摆脱了教师传授书本知识的局限，学生可以根据自己的兴趣、目标和需求，进行参与和研究。项目式教学实践的内容是多种多样的，一个项目通常会融合多方面的理论知识和实践操作，锻炼学生多方面的知识和技能。项目式教学的立项通常来源于生活，学习的场景是具体、真实的，学生所面对的问题是贴近生活的，脱离了单纯、抽象地学习特定知识的模式。

### 6. 开放性素材

项目式教学不局限于书本上规定的特定知识体系，选题也都来源于学生的日常生活和学习实践，偏向于捕捉、研究、解决学生关注的一些社会问题或科学思考，范畴非常广。即便是针对同一个项目式课题，学生也可以按照自己的思路和特长，运用不同的设计方案、研究方法、学习方式和成果总结来进行学习。学习的过程是开放的，为学生更好地发挥自己的才能和特长提供了广阔的空间。项目式教学并不指向知识学习方面的特定目标，其目标具有开放性；启发学生关注身边的生活和不断发展变化的世界，其内容具有开放性；允许学生自主决定研究方式，采取独立完成或小组合作的方式，其过程具有开放性；强调在研究过程中学生的学习体验和创造性表现，其评价标准具有开放性。总而言之，学生可以根据研究课题和自身的能力特长选择适当的学习方式，学校和教师也根据实际条件和学生的特点进行差异化指导，以不同的课程目标、实施方式、课程安排和评价方式，来保证项目式教学所具备的开放性特点。

## （二）问题设计

### 1. 问题的内涵

探寻并解答一个难题，是项目式教学的一大核心。一个具有吸引力的问题，将会使学习赋予学生更大的意义。因为在项目式教学的过程中，学生不再以死记硬背书本内容的方式来获取知识，他们的学习动力是基于个人兴趣和真实需求，这样学生就有了更大的积极性和主动性，使用学到的知识来解决其他真实问题。

从教学的角度来看，问题首先一定要能够引发学生思考，其次要满足并符合他们的学习兴趣，再次还要能通过问题探究来学习该问题背后的技能和知识。问题解决是指学习者把原有的知识概念进行重组，在新的情境中应用，并得到新成果的过程。虽然学者对"问题解决"的定义不尽相同，但均承认问题解决是一个复杂的思维过程，并认同问题解决具有目的指向性，而不是简单的记忆提取；同时，学习者在解决问题的过程中，需要对旧的知识重新进行归纳和总结，以适用新的情境来解决问题。

问题是教师和学生思维集中的中心和焦点，是项目式教学的最佳环境，是思维的触发器。特别是在语文阅读上，学生对整本书或大段文字的深入理解，需要有一个问题来统领阅读的过程，来激发学生的深入思考，语文阅读课的问题研究，可以看作是一个让学生去探究的项目。通过问题让学生将阅读与现实生活相结合来综合理解，能够大幅度提高学生的阅读能力。一个优秀的引导者，实际上也就是一个优秀的问题设计者，教师用问题来引领学生，让学生从情感、思维等方面对问题进行一个深入的思考。将问题设定作为情境驱动，在阅读的过程中锻炼学生收集信息、筛选信息、处理信息、运用信息的能力，在自主实践和团队合作的过程中学方法、用方法，使得全过程更加有意义。

在解决问题的过程中，学生很可能会面临异常复杂或者是对创造性要求特别高的问题，因而在构建方案的时候，就需要不断反复地评估，考察方案的有效性，提高问题解决的质效。

## 2. 问题的类型

（1）本质问题

本质问题，是指在特定学科中，或者是整个人生发展历程和对世界的探索理解中最重要、最基础、最长久的问题。本质问题是核心，是理解的基础；本质问题往往是抽象的，是宏观的，会与一个人的世界观、人生观、价值观相关联。

本质问题存在于学科和跨学科的核心概念中。一个学科中的本质问题指的是学科中的大概念，是这个学科领域的关键探索和核心认知，是一个学科在其发展历程中无法绕开的问题。本质问题起到一个统领和聚合的作用，可以将这个学科中孤立的、零散的知识进行一个很好的归纳和提炼，将它们整合起来。当然，对本质问题的思考也意味着学生已经深入了学科的深层，已经开始对这些问题进行有效思考。跨学科的本质问题则往往指向人生、社会的根本性问题，这些问题具有广义性、普遍性。本质问题不可能在某一堂课上完成回答，也很难用简单的语句和逻辑来解答。在这种情形下，项目式教学就能很好地把这些内容串联起来，从冰山的一个角落突破，找到问题的导火索，让学生不断深入研究，推动研究的发展，在常论常新的研究过程中寻找具有时代意义的答案。

（2）驱动型问题

在项目式问题设定和任务聚焦过程中，应当重视提出开放的、对学生友好的"驱动型问题"。

项目式教学的根本就是以对特定问题的思考来激发学生对某种概念的探索。项目式教学的核心关注点是项目设计者要提出本质问题，但是本质问题往往比较抽象、比较宏观，学生受年龄、阅历和知识储备限制有时会难以接受，因此，将这种本质问题转化为驱动型问题，就会更好地激发学生的研究兴趣，促使他们更好地投入研究中。当然，驱动型问题虽然较本质问题简单一些，但对学生来讲也是具有挑战性的。

为确定项目式设定的驱动型问题合理与否，首先就需要确定是否在现实生活中具有可行性。这个问题包括两层含义：一是确定问题解决所依托的现实环境和可以利用的资源是否真实存在，且在学生需要的情况下，教师能够满足这方面的需求，即要求驱动型问题反映现实生活中的真实问题；二是教师在设定问题时，要对学生的学习能力、知识储备、知识结构等进行科学合理的评估，并关注教师自身的掌控能力和引导能力。

驱动型问题和本质问题具有较大的区别。驱动型问题是将抽象、深奥的本质问题，转变成符合学生年龄特点、能够让他们产生兴趣的问题。本质问题相对比较抽象，驱动型问题则非常具体，能够融入学生感兴趣的情境中。驱动型问题让学生有充足的代入感，同时还具有开放性、不确定性等特点。与此同时，驱动型问题并不是简单地搜集信息，而是需要学生运用以往掌握的知识储备来进行更深层次的学习，是指向核心知识的。因此而言，驱动型问题更有趣味性，但并不意味着思考质量的降低，驱动型问题同样也可以引发学生进行高阶思考。驱动型问题能够直接影响项目式教学的最终结果，不同的驱动型问题会带来完全不同的实践过程和研究成果。

（3）本质问题与驱动型问题的结合

驱动型问题的特点是能够激发起学生的关注，让学生能更好地投入项目式学习和探究中。一个具有启发性的问题可以给学生提供一个大维度、多角度的探索空间，既能够激发学生的内在学习动力，也能够发挥提纲作用，给学生指明探索的方向和持续思考的空间。

①将具体化的问题转变成本质化的问题。

很多教师在教学活动中习惯进行知识点教学，所以通常会提出非常具体的问题。这样当然可以解决具体问题，但却很难让学生进行知识点迁移，也难以进行系统性提升。这时候就需要一个适当的驱动型问题，去除具体问题中过于细节化的内容，提高思考的层次并向本质化的概念延伸。

②将学生的经验融入本质问题之中。

驱动型问题需要具体的思考情境来推动学生的思考，需要结合学生的个人特点和经验，在考虑到难易程度的基础上，找到让学生感兴趣的情境。在难度调节方面，需要考虑三个层面的问题：一是问题背后承载概念的难度，越是难以理解的、抽象的概念，就越需要找到学生感兴趣的情境。二是问题结构性所带来的难度，问题的结构性越强，学生能得到的支持就越多；反之，结构性越弱，学生感受到的难度就越大。三是解决方案所带来的难度，问题解决过程中往往会面临很多不确定因素，如果在问题设定中对环境和条件进行限定的话，难度就可以得到有效降低。

③用概念性问题取代事实性问题。

在判断驱动型问题的质量时，需要对问题的实质进行考察，从后续处理等深入的方式来判断问题，而不是局限在问题的表面。在驱动型问题的提出过程中，应重视问题的最终目的，防止重形式轻目的造成流于形式等问题。

### 3. 问题设计模型：课程框架问题

（1）课程框架问题的主要要素

①基本问题：基本问题是整个项目式教学（包括跨课程项目）中具有高度概括性的框架性概念，是整个问题体系中最抽象、最高级的开放性问题。项目式问题的设计通常围绕具体项目展开，并与其他项目相关联，用以推动学生思维的发散。如关于文学作品的项目式教学，其基本问题就可以设定为："该文学作品是如何反映文化的？"

②单元问题：单元问题通常是在基本问题的基础上，针对项目内容本身向外延伸的问题，可以起到引导学生思考，或者推动项目有序开展等作用。单元问题与选定的某个主题或者单元相关，针对的是一个分解的具体项目，需要项目管理者引导学生在对研究对象"为什么"进行研究的同时，不断探索"怎么办"等深层次问题。

③内容问题：内容问题可以理解成传统教学活动中，教师提出来让学生进行回答的问题，通常涉及具体化的知识，针对的也是具体的教学内容。这些内容相对来讲是比较封闭的，但与教学的内容息息相关，对学习目标和学习内容起到了直接的支撑作用。

（2）课程框架问题的设计模式

①"自下而上"模式。

按照"内容问题→单元问题→基本问题"的顺序来进行设计，思路是由细节入手，逐渐向深度和广度拓展，类似于写作中的"分→总"结构，一般情况下这种框架设计模式适用于初学者或刚刚接触项目式的学习者。

②"自上而下"模式。

与"自下而上"模式相反，按照"基本问题→单元问题→内容问题"的顺序展开。对具体项目而言，首先按照项目所涵盖或涉及的范畴，结合项目与项目的交叉部分设定能够激发学生深层思考的基本问题，之后基于项目内容进行延伸并开展综合性分析总结，设计出进一步拓展学生潜能的单元问题，最后在项目式实施的具体操作中提出问题并一一进行解决。

### 4. 驱动型问题设计的教学起点、课堂关键和过程体现

（1）项目式教学驱动型问题设计的教学起点：目标分解设计

项目式教学目标的设定决定了项目式教学的问题设定，并且项目式教学目标在设定的时候就应当体现出不同于传统教学目标的创新。项目式教学是学生根据自己的学习兴趣，通过独立开发学习资源并创造学习成果来实现的，因此在设定目标时就应当更好地体现出学生个体之间的差异。项目式教学的目标设定应当按照基础目标和提升目标进行区分。基础目标，是学生在自主探索和参加活动的过程中，及时掌握并消化基础知识，是面向全体学生的，也是传统课堂上所不可缺少的；相对应的提升目标是针对特定学生的，在掌握基础知识的基础上，利用问题设定、项目研究，追求更深层次的知识创造，不断激发学习潜能，全面提高个体素质。

第一，设置项目式教学目标要清晰、明确。基础目标要包括理解、鉴赏，提升目标则应包括表达、协作和评估。以语文教学中的诗歌教学为例，在传统诗词教学过程中都会注重理解和鉴赏两个层面，要求学生掌握诗词写作内容、艺术手法、作者基本情况、写作时代背景等基本知识；但表达、写作、评估就应当归为项目式研究范畴中，即通过活动探讨、交流对话、小组讨论、协作研究、创作实践等方法，解决非现成的知识性问题，提升学生的欣赏理解、口语表达、写作能力等，以项目式的学习和研究方式激发个体学生的创新思维，促进核心素养的形成和发展。

第二，项目式教学目标在设定时应同时讲究开放和精细。目标的层次性与差异性是优秀问题设定应当具备的因素，项目式教学并不是完全放手让学生进行自我创造，最后得出一个笼统的结果，而是由教师在项目式教学进行的全过程积极发挥引导作用。问题设计的责任人既可以是教师，也可以是学生，或者师生共同头脑风暴来确定。教师可以先期提供充分的学习素材，让学生在吃透素材的基础上根据自身的学习和实践能力确定研究的课题，并由自己或与身边同学一起来寻求解决方案。这样学生就更具主动性地思考如何设定项目主题和结构、如何在实施过程中细化和分工、如何寻求帮助和支撑等问题。因为项目式教学本身具有个性化的特征，因此师生共同参与问题设计和项目实施会取得更好的

效果。

（2）项目式教学问题设计的课堂关键：思维品质训练

项目式教学的目的不仅是推动学生解决某个复杂问题，而是在此基础上锻炼学生的思维能力和思考品质。在学习的过程中，教师和学生都要综合考虑一系列问题，如在问题设计的过程中体现出逻辑思维、创造思维、辩证思维等特点。因此，在高中教学中应当更大规模地推动基于思维品质训练的教学项目，部分或全部取代传统意义上的课堂讲授。从教师来看，项目式教学对思维有着很好的规划，而且是符合课标要求和教学目标的；从学生来看，项目式教学能够培养思考和学习的习惯，对未来大学或者继续深造时所必需的终身学习能力等都有非常好的锻炼作用，能够更好地推动个人素质和事业发展能力的提升。

第一，问题设计应当与学生本身的知识基础、生活经验、学习能力、思维潜能等相结合。学生思维能力的发展需要培养分析、比较、辨别、归纳和概括的能力。学生在积累材料和初步思考的基础上，归纳形成自己的观点并进行阐述，都是遵循了学生的思维规律的。同时，这种研究也能最大限度激发学生的学习能力，促进思维的灵活性、创造性和批判性。

第二，教师需要激发学生在项目研究中的自主性和创造性，鼓励自己提出问题设计。这包括两方面的内容，一个是部分依靠学生自己进行研究，在研究遇到瓶颈或无法找到合适的解决思路时教师进行指导，并把握项目的进度；另一个是最大限度地放手，让学生独立开展研究，由学生自己掌握研究进度，充分发挥学生的创造性。

（3）项目式教学问题设计的过程体现：真实学习情境

理想的学习氛围和真实的学习情境，可以提高学生的学习兴趣，而项目式教学倡导学生真正成为学习的主体，也符合杜威提出的"做中学"的理念。新课标也提倡在真实的语文生活环境下开展深度学习，提倡学生在语文实践活动中实现教学目标。教师可以充分利用社会化的材料和社会化的真实场景，创造性地开发教学资源，一方面在课堂中以学生分组合作的方式开展项目研究，另一方面也基于真实的项目设定问题，让学生在思考问题的过程中获得真实的学习体验。

第一，只有在真实的生活情境中提取的问题才最具有真实性。学生通常会对"以实践的方式身临其境，在真实情境中开展学习"的项目研究产生兴趣，而读书，并不是单纯的阅读问题，而是要同时体会文字背后的文化和历史人文。项目式教学脱离了老师教、学生学的固有思路，让学生在"做"中"学"，用搜集素材、实地调查、交流分享、分析研究之后得出结论，掌握真正的知识。让学生在社会生活的真实情境中开展语文研究实践，能够真正使语文内化为学生的核心素养。

第二，项目实践的问题设定会有助于提高学生的核心素养。在项目式教学的过程中，学生不仅会在学习中习得知识，更能够在亲身体验的过程中增强解决问题的能力。让学生在项目式教学中提高鉴赏、审美、评价的能力，也满足了语文学科中审美鉴赏与创造、文化传承与理解等核心素养。教师尊重学生探究问题的兴趣，而不是填鸭式地要求学生仅仅遵从于课本，改变循规蹈矩的方式，激发学生的学习热情，并培养学生举一反三、知识迁移的解决问题能力。当然，课堂内外的学习环境是不一样的，教师作为项目指导者还要积极引导学生调动互联网资料等校外资源，并且帮助学生掌握运用现代化网络工具开展资料检索和实地走访等的能力，以使学生真正具备在真实场景进行思考和行动的能力。

# 第三节　项目式教学在高中语文阅读教学中的应用

## 一、高中语文阅读教学中开展项目式学习的意义

项目式学习引入高中语文阅读教学，不仅具有坚实的理论基础，同时又有充分的现实依据，是落实语文课程改革，培养学生核心素养的有效路径。

### （一）落实学习任务群教学理念

首先，学习任务群具备整合性、实践性、情境性的特点，用任务驱动学生学习，与项目式学习的本质特征一致，指向语文核心素养的提升。而且其中"以学习项目为载体"的表述，明确表示项目式学习是实现语文任务群教学的重要路径。其次，课标中指出"学习任务群以自主、合作、探究性学习为主要学习方式"，正符合项目式学习的突出特点，因此它们有着很高的契合度。项目式学习能落实任务群理念，满足学习任务群教学的需求，而学习任务群又能为项目式学习提供内容与目标的指引，两者默契配合，能共同促进学生核心素养的提升。

### （二）利于突破阅读教学的困境

阅读教学长期受困于"授受关系"，使得学生学习效果不佳。项目式学习因其自身的优势，与阅读教学的融合，有利于突破目前的现实困境，弥补常规语文阅读教学的不足，改变机械学习和浅层学习，强调知行合一、学以致用，在问题解决、知识应用中孕育、彰显素养，产生有意义的学习。

## 1. 转变教师角色：变灌输为引导

可以说，项目式学习带给教师的最大转变便是着眼于学生的学，从一个知识的灌输者变为学生学习的引导者与促进者。项目式学习与高中阅读教学的融合，需要教师基于课标、学情、文本分析，做好整体的项目规划，进而启动项目，学习的过程教师隐退，给学生以充分的时间与空间，由他们自主探索阅读文本，调动与获取知识、经验。而不再是带着知识走向学生，变一味地灌输为学生自主地探索领悟。在项目进行阶段，教师也不是全然放任不管，而是当学生遇到困难时，做出点拨，相机给出提示，开启思维，引导他们解决问题。

## 2. 激活学习主体：化被动为主动

传统的阅读课堂是由教师一味地灌输，注重自己的教而忽略学生的学，忽视学生对知识的自我体验和探索。学生在长期机械的学习模式下，习惯于被动地接受，失去了学习的主动性。而项目式学习的引入，为学生的学习创设真实的情境，将文本的阅读与学习链接到生活，赋予了语文学习的现实意义。学生自然地被生活化的驱动性问题所吸引，并想要尝试去解决，自己去探索发现知识的奥秘。丰富的主题，多样的项目活动，使得语文学习不再单调，学生拥有了角色体验感，增添了学习的乐趣，能够有效激发他们的学习欲望，调动学生的学习热情。同时学习小组的组建，也能调动他们的主动性，投身于合作探究，发挥主体作用。并且项目成果是个性化的，凝结着学生个体的智慧，学生有主人翁意识，他们的学习不再是被动接受，而是积极主动参与，投入于完成项目任务。

## 3. 重构学习内容：由碎片到整合

传统的阅读教学中，学习内容是碎片化的，使得学生局限于字词句篇的掌握，知识点破碎，且更多的是单篇教学，课文与课文之间是割裂的。加上课堂教学中师生通常是随问随答，以至于学生难以建构起结构化的知识体系。

新课标提到语文教学要实现知识与能力，过程与方法，情感、态度和价值观的整合，整体提升学生的语文素养。项目式学习的引入，就能帮助实现阅读教学的整合，将一个"项目"所要掌握的知识、习得的能力以及情感、态度、价值观的培育整合到一起，在学习过程中形成内化。它必须基于语文教材内容，对某一核心知识或概念进行提炼把握，围绕着这一核心，完成学习内容的精选和统整，不仅突破单篇教学，还将听说读写高度融合在一个项目之中，以实现知识的结构化与整合化，促进阅读学习的高效。

## 4. 深化学习结果：从理解到迁移

传统的阅读课堂，为达到应试目的，有重知识轻能力，重讲解轻思考的不良倾向。尤其只关注静态知识的吸收，认为理解了、记忆了就完成了使命，学生的学习仅仅停留在知识与内容的浅层理解的层面，无法达到语文关键能力的培养、素质的提高。而在核心素养的背景下，开始关注学生动态的认知过程，注重学生学习、内化和运用知识的过程，开始注重学科与生活的关联。

项目式学习的引入，就能够将语文知识的学习、能力的培养镶嵌在情境化的任务中，引导学生主动去探究。学生基于问题的解决，积极地获取并运用语文知识，实现从文本的浅层理解到深度迁移，用所习得的语文知识与能力在问题情境中实现迁移和输出，最后形成可视的学习成果。在这个过程中逐渐内化为能力、素养，最后达到对语文核心知识、某个大概念的掌握。学与用的结合促进了有意义学习的发生，有助于实现深度学习。学生通过项目式学习，完成从"学了什么"到"学会什么"的转变，不断积累语文学习经验，逐渐培养起应对未来工作和生活挑战的语文核心素养。这就是高中阅读教学引入项目式学习的优势之一。

## 二、高中语文阅读教学中项目式学习的框架建构

### （一）高中语文阅读教学中项目式学习的内涵

高中语文阅读教学中的项目式学习，带上了语文学科的特色，就须符合高中语文阅读教学的实情，重点在实现阅读教学的最优化，最终目的是学生语文核心素养的培养。

因此，基于项目式学习的本质特征，结合阅读教学的特性，参照课程标准的要求，高中语文阅读教学中的项目式学习是以语文课程标准为依据，以教材为依托，立足阅读文本，创设真实的问题情境，以项目任务为导向，以活动为纽带，学生通过自主、合作探究的方式解决问题、完成项目，以实现语文核心素养提升的教学活动。这一过程就改变了以往以语文知识的理解与背诵为主的学习方式，主张以学生的学为中心，力求学生在情境的体验中，在项目任务的实践中进一步深化对语文知识的建构，并能运用迁移，内化为能力。

### （二）高中语文阅读教学中项目式学习的实践类型

将高中语文阅读教学中的项目式学习实践分为单篇阅读项目式学习、群文阅读项目式学习及整本书阅读项目式学习三种类型。

#### 1. 单篇阅读项目式学习

单篇阅读项目式学习是基于单篇文本教学的项目式学习类型。具体来说，教师从教材中精选一篇课文来开展项目式学习，属于相对微小的项目，所用课时较少。单篇阅读项目

不追求鸿篇巨制，而是对一篇课文进行精准定位，尊重文本独特性，或是深入理解其人物，或是深究其主旨，聚焦于某一关键点，让学生在项目中深耕细作，追问和把握其深刻的文本意蕴。值得注意的是，单篇阅读项目式学习并不局限于单篇，根据需要往往拓展了课外文本资源，为单篇文本的学习服务。

一定程度上，对习惯于传统单篇阅读教学的教师而言，有利于他们做项目式学习的初步尝试。在新教材中，单篇教学和群文教学是并存的。可见，新教材并不排斥单篇教学。单篇阅读项目式学习主要是针对相对经典的名篇学习，保证学有重点。事实上，单篇课文开展项目式学习既能发挥项目式学习的优势，操作也较简单，更符合当前教学实际，保证对经典文本的精细阅读，加深学生对此的理解与体悟。

在当前学习任务群的提出，以及"大单元教学""整合教学"的背景下，教师应该把所要教学的单篇放置在整个单元及其所属任务群的视角之下，统观全局，做全盘规划，转变"只见树木不见森林"的现象，实现既看到了树木，也窥见了树木所处的整片森林的效果。

### 2. 群文阅读项目式学习

群文阅读项目式学习，是在具有某种联系的多篇阅读文本整合的基础上开展的项目式学习类型。由于是对一组文章进行阅读与学习，因此所用课时较长。群文阅读项目式学习又可分为单元项目式学习和跨单元项目式学习。单元项目式学习是教师打破常规的单篇阅读教学，而挑选教材某一单元的多篇课文作为主要资源进行项目式整合教学，有时是整个单元，有时是单元内的一部分课文整合。而群文阅读的跨单元项目式学习则是教师打破了教材的组元方式，经二次提炼，精选教材不同单元的多篇文本进行资源重组，实施跨单元的整合教学。

相较于单篇阅读项目式学习，群文阅读更符合课标所提出的"任务群"教学理念，强调单元整合教学，在资源整合的基础上推进大语文学习。因其难度更大，对教师的要求则更高，关键考验教师挖掘群文典型特征，以及进行整体统筹的能力。

## （三）高中语文阅读教学中项目式学习的目标指向

高中语文阅读教学中的项目式学习，既要体现项目式学习的本质，也必然要承担语文阅读教学的使命，完成阅读教学的追求，才能实现深度融合。因此它的目标指向是多维度的。

### 1. 指向核心概念建构

核心概念是指居于学科中心，具有超越课堂之外的持久价值和迁移价值的关键性概念、原理或方法。这些核心概念是学科内容的主干部分，对其的理解与建构有利于深入学科本质。

基于此，在语文阅读教学中开展项目式学习，教师不会着眼于琐碎零散的知识点，更倾向于让学生掌握某一核心概念，如"情景交融""意象""知人论世"等。所以，教师则要多方考量提炼出语文学科的某一核心概念，作为学习内容、过程、结果的聚合器，将散装的学科知识有效整合，以实现学生对关键知识领域的理解与建构。在项目式学习中，学生通过相关文本的阅读与探究，对这一重要概念进行领会，并通过进一步的迁移运用，形成对这一概念的深层次理解，建构起对语文更加系统深刻的认识，对未来的语文学习产生恒久深远的积极意义。

### 2. 指向高阶思维培养

高阶思维是思维的一种高级形式，至今教育界对此没有一个统一的界定。通常大家把布卢姆划分的认知领域中六个层级的学习目标作为低阶、高阶思维的评判标准，它们分别是记忆、理解、应用、分析、评价和创造。后三个层级被认为是高阶思维的体现。辩证地说，深度理解与综合应用这样更高层次的目标也属于高阶思维。高阶思维是一种以高层次认知水平为主的综合性能力。这种综合性能力包括自主学习能力，能自我反思与调控，以及批判思考能力，还有通过探究解决复杂问题的能力等。总之，它是一种指向更深刻、更综合的思维层次。

在阅读教学中引入项目式学习，就是要以一个具有挑战性的问题为锚，激发学生的学习动力。他们经历一番理解、分析、应用、创作的过程，最后呈现可视化成果，这个过程指向的正是高阶思维。与传统的阅读教学不同的是，项目式学习不是简单的文本理解、知识吸收和简单应用，而是追求学生在项目任务的驱动下，自主参与问题的解决，完成自主阅读，形成批判性思考，并不断自我反思，完成深层次的理解，并学会在情境中迁移、创造。

### 3. 指向阅读素养提升

高中语文阅读教学中的项目式学习，依旧要完成阅读教学的使命，关注学生阅读素养的提升。阅读素养定义为：理解、运用、评判、反思并参与阅读文本，以实现个人的目标，增进自己的知识，发挥自我潜能，参与社会生活。从这一定义中可知，学生的阅读行为除了理解与运用外，还应要有评判意识，联系文本内外，结合自身的经验，对文本意义、作者观点进行反复审视，不断对自己的认知进行推翻重建，在加深理解的基础上，经理性反思加以评判，形成自己的个性化见解。评判与反思的过程，也是对自身阅读过程的及时反馈，引导自己不断调整阅读方法、策略，转换思维方式。因此，项目式学习在高中语文阅读教学中应用，必须着眼于学生阅读素养提升，引导他们深入文本去思考探索，关注阅读的过程、思维的过程，积累阅读经验。

## （四）高中语文阅读教学中项目式学习的基本要求

### 1. 突显学生主体地位

首先，要立足学生的兴趣和他们的学习需求，依据具体情况来选择和实施项目。项目式学习的出发点和落脚点是"为了学生的学"，所以，教师需要关注不同学生个体的情况和特征，充分发挥他们的兴趣。例如在戏剧单元的学习中，可以根据学生的兴趣设计剧本展演的项目，但演出的人有限，其余学生容易边缘化，导致参与度不够。那么就可以通过分工合作的方式，让有不同特长和兴趣的同学各司其职，如摄影、微信撰稿等，使他们的学习投入最大化。

其次，在阅读教学中开展项目式学习，教师就要转变教学理念，认同学生是学习的主人，实现角色隐退，充分给予学生自主权，给他们探索的空间，让他们活动起来，完成自主阅读、自主思考、合作探究。但教师也并不是全然不管，而是要认真倾听和发现，实施有针对性的引导，确保学生在生生对话、师生对话中走进文本、深度理解文本。这样的阅读课堂才是充满活力的课堂。有时还须关注学生在阅读体验中的焦点、难点，来启发项目设计，调整项目进程，以此尊重学生的个性化阅读体验。

### 2. 给予角色充分体验

高中语文阅读教学中的项目式学习，可以为学生的学习和发展提供丰富的平台，实现他们对不同社会角色的充分体验。在项目式学习中，学生不仅是文本阅读与理解的主体，还可以是记者、演员、作家、评论家、教材编写者等多种角色，他们在体验中了解到不同角色的职能，这些角色的品质从中得到培养与锻炼，这些都有利于学生应对未来的发展与挑战。此外，他们的学习参与意识很容易被真实的角色体验所激发，能在深度阅读理解文本的基础上，演绎出不同角色的风采。由此，需要教师打造一个开放的、灵活的课堂，不将语文学习局限于文本阅读，而是将之延伸至课外，丰富学生对社会生活的体验，同时给予学生空间将语文知识运用与迁移，拓宽语文学习的意义。

### 3. 聚焦阅读文本内核

阅读教学，关键是引导学生在文本阅读中学习。在高中语文阅读教学中开展项目式学习，就是要以项目任务的形式，紧紧围绕文本内容设计关于阅读与鉴赏、表达与交流、梳理与探究的学习活动，设计与文本紧密相关的问题，以便深入文本理解，发挥阅读教学的效用。

教师在开展项目式学习时，不应停留于对文本大而空、粗且浅的理解，而是要引导学生对文本进行深潜，不仅要读懂，更是要读透。所以教师须深入研读课文，花一番认真阅读、仔细钻研、智慧取舍的工夫，充分尊重文本价值，提取文本内核，把握其独特性。因此，项目式学习可围绕"变形"这一主题，贯通起单元的学习，深入把握"变形与异化"的内涵，从而领会小说中"变形与虚构"的意义。

### 4. 融合读写思为一体

阅读教学中的项目式学习同时也承担着写作的任务，教师要让学生在阅读中思考探索，形成阅读迁移，最终落实到语言运用上。具体做法是依据具体篇目与单元，以项目的形式将阅读链接到写作，达到以读促写，以写悟读的效果，最后呈现写作成果，进行展示交流，深化文本阅读。项目成果可以是不同文体的作品创作，如创写诗歌、小说等，通过探索文本的形式，最后完成个性化作品的输出，这样就真正贯彻叶圣陶先生所说的"教材只是一个例子"，实现因文解道。除此之外，还有读书笔记、文艺评论、学术小论文等多种形式，以此贯通阅读与鉴赏、表达与交流、梳理与探究的任务，通过丰富的写作实践，帮助学生在"做"中读，在"做"中写，在"做"中思，训练与发展学生的思维能力及语言文字运用能力。

## 三、高中语文阅读教学中项目式学习的策略探寻

### （一）设计策略

一个好的学习设计，是保障学生学习效果的前提和关键。教师须综合考虑诸多因素，科学合理地进行阅读教学的项目式学习设计，以确保课堂学习的高效。

#### 1. 前期准备策略

高中语文阅读教学中的项目式学习设计要以学情为基础，依循新课程标准的指引，依托高中语文教材现有资源，具体分析文本内容，做好充分的设计准备。

（1）深研课程标准

课程标准是国家课程的纲领性文件，在进行语文阅读教学的项目式学习设计时，它是非常重要的科学依据。课程标准中对于学科核心素养、课程目标、内容及学习要求都有明确的指示。因此教师在设计项目式学习前，必须事先对课标内容进行研读、分析，对高中语文课程有一个清晰的认识和把握，教学内容有哪些，需要达成哪些总体目标，宏观把握

高中的教学任务和要求，由此才可以用结构化的思维系统、全面地研究教材，使设计方向更加明确。

值得注意的是，教师要有统观意识，从全局出发。根据课标提示，高中不同学段的语文学习，各有侧重。高一侧重于学习，注重知识与能力的习得；高二侧重研习，突显学习的探究性；高三侧重研讨，更突显高阶思维。在项目式学习设计中要体现出进阶要求，用联系的、整体的眼光规划和设计项目式学习。

（2）熟悉教材特点

教材是学生学习的资源，也是开展项目式学习的主要资源。教师有必要做好教材分析与研究，充分了解教材，熟知教材的组织脉络，以更大化地发挥教材的价值，用好项目式学习。

（3）解读文本内容

教师对文本的把握是进行项目式学习设计的重要前提，后续的主题选择、目标确定、过程规划等，都要根据具体文本的类型以及核心内容而确定。

不同文本的项目实践取向不同，文学类文本、实用类文本有着不同的知识体系与特色，有着不同的学习要求，因此，需要把握文体特性展开项目式学习设计。在文选型单元中，是选取单篇阅读项目式学习，还是多篇群文整合的项目式学习，这都需要教师深入文本阅读，把握文本内容，确认文本的价值，找寻文本之间的联系，完成横向深入、纵向比较，通过综合考量以此来确定。

（4）了解学生情况

项目式学习设计要以学情为基础，充分考虑学生的知识结构以及兴趣，符合他们的学习需求，尽量与学生的知识经验、能力范围相匹配。

首先教师需要清楚地了解学生的知识结构和基础水平，探查他们在高中阶段积累了哪些知识，具备了哪些能力。其次分析学生的学习需求，对于将要学习的知识，哪些是他们已经学会了的，哪些可以自学学会的，预想他们可能会有哪些难点，或者哪些关键点需要突破，等等。这些信息可以通过交流、问卷等方式获取。正所谓以学定教，就是要了解学生的实际情况，诊断他们的已知点，找准关键点，围绕这一关键点展开项目式学习设计。

2. 主题选择策略

好的项目主题是项目式学习成功与否的关键。教师须借助课程标准、教材中的相关信息，结合具体文本，提炼出核心知识，进一步聚焦语文学科重要概念，最终确立清晰、精要的主题，作为整个项目的统帅。

（1）锁定单元导语，提炼关键概念

单元导语是教师进行项目选题的重要依据，这个部分对单元主题、课文主要内容以及语文要素三方面做了阐释，涵盖了整个单元的主要内容，从中可以找到单元内文章的内在共性，同时又聚焦整个单元的重点，提出了学习要求，通过提炼可以作为教师实施项目式学习的主题来源。因此教师应当仔细阅读并解析单元导学提示，清晰单元特质及内在脉络，找准关键词，从中提炼出关键概念，作为可能的主题选项。

（2）基于文本把握，聚焦选文特色

阅读教学的客体对象是文本，离不开对文本的阅读与探究。因此教师必须亲历文本的阅读与体验过程，反复研读，在深入把握文本内容的基础上选定项目主题。

如果是单元整合的项目式学习，那么根据单元导语拟定的项目主题选项，还需要回到具体的文本中去，思考主题是否与单元选文的内容符合。如果是只选取一篇或者多篇组合开展项目式学习，那么就需要根据文本特质，因文而异选择项目主题。不同的文本，它所蕴含的核心知识、能力要素不同，教学价值及难易程度也有不同，因此需要挖掘出这一篇或这几篇的独特价值进行"量体裁衣"。从关注一篇，再到从课文与课文之间找寻关联，提炼出能统摄整个学习单元的主题，再回到课文中去，思考是否适用。

（3）参考单元任务，进行归纳提炼

单元学习任务是教学意图的突出体现，它既关注单篇课文或某一关键问题探究点，又体现出对多篇课文的整合学习。部分学习任务也可作为项目主题的选择渠道。教师根据单元学习任务，通过分析、概括，从多个角度提炼出相应的主题。

高中语文阅读教学中的项目式学习贯彻的是"用教材教，用教材学"的理念，所以主题设计也要以教材为本，用好教材资源，发挥最大效用。综上所述，选择项目主题要做好教材分析的工作，从单元整体关照到深入具体文本这一过程，宏观把控到微观深入，逐渐聚焦，并反复斟酌，对标课程标准，最终确立合适的项目主题。

### 3. 目标制定策略

学习目标是开展学习活动的指挥棒。有了目标，项目的开展就有方向的指引，明确知道项目式学习最终要达成什么目标，学生要获得什么。这里要讨论的是在具体的项目式学习中如何制定合理、明晰的目标，其中不仅包括知识的掌握，还指向某方面具体能力以及学习习惯、元认知能力等多层次的目标。

（1）基于任务群的要求

学习任务群是语文课程的核心元素，架构起学生学习的课程内容，明确了学生应该学习哪些知识与内容。因此高中语文阅读教学中的项目式学习目标制定，须以学习任务群为依据，服务于任务群顶层设计。教材的每一个单元对应某一特定学习任务群，而课标对每个学习任务群都有明确的学习目标的阐述。教师在针对某单元或某单元部分课文进行项目式学习设计时，须找准它在课标中的定位，从属于哪一学习任务群，然后解析特定任务群的相关要求，结合具体篇目作一定的选择和取舍，从中提炼出核心知识与能力，围绕主题、学生学习需求，转化为清晰、具体、可操作性的项目教学目标。

与阅读教学相关的学习任务群板块有"整本书阅读与研讨""实用性阅读与交流""跨媒介阅读与交流""思辨性阅读与表达"等。它们特质不一，有着不同的学习目标和内容，能够为教师提供有针对性、有价值的参考。如"思辨性阅读与表达"任务群，旨在培养学生的理性思辨能力，"实用性阅读与交流"任务群重在让学生掌握日常实用文本的表达形式并学会实际运用。

（2）揣摩教材编者意图

在制定目标时，需要揣摩教材编者意图，主要体现在教材中的单元导语、学习提示、单元学习任务这三个部分。教师需要仔细阅读，领会编者意图，以此帮助确立学习目标。

单元导语是编者对这一单元最核心的知识与关键能力进行的高度概括说明；学习提示是对学生阅读这篇课文需要探究的一些关键问题的提示；而单元学习任务则是编者为了学生达到学习目标而设计的关于阅读、探究、写作的任务。教师须厘清编者对这一单元或者这一篇文本的学习提出了哪些要求和提示，通过解析并进一步整合，转化为具体的、指向知识、能力、思维等多维度的目标。

（3）考虑学生能力水平

在目标制定时，不仅要依据课标、教材、文本的客观因素，还须考虑学生主体的具体能力水平，思考学生在项目式学习过程中是否能够有能力达成。所以目标制定要合适，难点须适中，考虑可实现程度，不能超越学生的已有认知与能力水平。如果目标过高，学生不能达成，整个项目式学习便是无效的。

从以上的策略分析来看，确立目标需要先从大处着眼，宏观把握，从参考任务群的目标指令，再聚焦文本要点，目标逐渐清晰而具体，并结合学生具体情况，进行完善修订。

**4. 任务设计策略**

核心任务作为项目式学习的导向，聚焦了项目主题，对学生要完成的成果类型进行明确，具有高阶认知包裹低阶的特点，其中渗透着具体知识与能力的落实。

（1）依据课标提示

首先可依据文本所属学习任务群中的教学提示进行选择。如"文学阅读与写作"这一学习任务群聚焦于审美鉴赏与创造，有一点教学提示是引导学生自主组织、举办诗歌朗诵会、读书报告会、话剧表演等活动，丰富学生的审美体验。语文教师就可以参考这些内容，依据具体情况选定学习任务。又如"实用性阅读与交流"学习任务群在学习内容中提供了一些选项，如活动策划书、应聘面试，以及演讲等社会交往类的任务，还有新闻传媒类的，如新闻、调查、访谈，设计网页等。这些内容都给教师提供了多样化的参照。

（2）考虑学生兴趣

其次可结合学生兴趣进行设计。学生对他们感兴趣的项目会投入更多的热情去参与、去学习。比如有学生喜欢观看央视节目《朗读者》，教师就可借此发挥，设计诗歌朗诵会的项目，让学生参与朗诵会的规划与准备。再如，近年来抖音、快手等短视频 APP 风靡全国，学生喜欢观看风景旅游类的视频，在学习写景散文时，就可设计学生制作关于风景介绍的短视频的项目任务，他们更加能悦纳这样喜闻乐见的项目。这就要求教师成为一个有心人，关注学生的喜好，了解学生的期待。

## 5. 问题驱动策略

驱动性问题作为项目式学习的引擎，能有效激发学生的兴趣，调动学生的高阶学习。通常高质量的驱动性问题是用"如何""怎么"及"为什么"这类问法，嵌入了学生需要掌握的核心知识与多方面能力，以撬动学生的思考，开启他们的探索。

## 6. 情境创设策略

项目式学习，是要在一个真实或模拟情境中开展进行的，以引导学生代入角色，实现广泛而深度地参与学习。情境的创设，赋予学习以现实意义，利于粘住学生，激活学习参与，唤醒学习动机，使得学生不自觉地参与其中，在角色体验中学会迁移与运用，使学习变得生动鲜活、有创造力。

关于情境创设的策略，最根本的就是想办法在项目学习与学生个体之间建立某种相关的联系，只有学生置身情境之中，面对真实场景，才会激发学生为解决实际问题而持续发力。

（1）关联现实生活

①取自时事热点。我们可以把它概括为"因时制宜"，就是结合当下正在发生且广受关注的时事，开发项目情境，这样更容易将学生引入项目学习的过程。聚焦时事热点，一方面可以发挥学生的社会参与意识，又能将文本阅读所学加以运用，落在实处。如临近国庆，在学习诗歌单元时，就可以开展"我为祖国献首诗"的项目学习，从阅读中获得诗歌知识，再落实在诗歌创作上，同时与社会大众一起，参与祖国母亲的生日庆祝盛礼。

②源于校园生活。校园生活是学生正在经历的，与他们联系最为密切。因此项目式学习的情境可以与校园开展的相关活动联系起来，贴合现实，调动学生的参与意识。

③联系本地资源。可以把这一点概括为"因地制宜"，每个地域都有它的特色所在，有着独特的历史与文化底蕴，可以结合具体作家作品，找寻之间的联系。如果教师在创设情境时，结合当地文化特色，一方面可以加深学生对家乡的文化认同感，另一方面最大限度地激发他们的参与激情。例如在学习苏轼诗文时，身处眉山的教师可以将苏轼与家乡联系起来，设计宣传家乡名人的具体情境，要求制作苏轼的介绍短片。以此拉近学生与苏轼的距离，能有效地激起对苏轼及其作品的兴趣。

以上创设的情境均来自学生的现实生活，将学习与真实世界相联结，驱动学生的学习动机，促进有意义学习的发生。教师需要花奇思妙想的功夫，不拘泥于书本，找到语文学习与现实生活的结合点，挖掘现实生活中有价值、与当前语文阅读教学适切的学习情境。

（2）还原历史场景

有时，将学生置身于文本写作的历史情境，更容易拉近学生与陌生文本的时空距离。学生切身体验与作品相关的角色，或是作者，或是文本里的人物，通过对话，能更加深入地理解和感受文本。因此教师可以挖掘、还原当时的历史场景，赋予学生以新奇的体验，立足特定立场去探知文本。例如有教师在开展《史记》整本书阅读项目式学习时，为学生创设了"如果你是当时的门客，你将选择战国四公子中的哪一位？阐释你的理由"这一虚拟情境，学生化身为当时的门客，有一种穿越时空的真实感，以此触发学生的探索欲望。

## （二）实施策略

### 1. 主体意识激发策略

在项目式学习中，学生占据主体地位，教师须适当放手，给予学生更多的自由空间，以更大化调动他们的学习积极性，激发他们的主体意识。

首先，可适当地让学生参与项目主题的确定，由师生共同商讨决定要开展的学习项目。学生通过自由地阅读文本，提炼出所要开展的项目主题，进行班内选择。这样由学生自主选择学习内容的形式，有利于调动学生的学习积极性，而且考验学生对概念的提炼能力。

其次，让学生自发组建学习小组、制作项目计划书，以多种方式激发学生学习内驱力，充分发挥主体意识，参与项目式学习中去。值得注意的是，因为有学习小组的存在，难免有些同学边缘化，或是消极懈怠，逃避学习，所以教师要关注个体的学习过程，通过细化小组分工的方法，激发个体责任，把学习落实到每个人身上。

### 2. 学习过程管理策略

首先，使用管理工具。学生在项目式学习中有极大的自由空间，为了使学生的学习过程可视化，有时教师需要设计项目日历、阅读计划表、活动记录、个人学习记录等工具，便于详细地实时记录自己瞬间的阅读体会和感受，以及真实的学习进程和表现。

其次，定期开展小组交流会。在会上汇报小组的阅读情况、学习进展，哪些问题尚未解决等，清晰每个阶段的学习任务和学习获得，还可通过这种方式监督小组内部每一个个体的参与，出现困难也有利于及时矫正与改善。

此外，将评价嵌入学习过程。其一在学生开始制作成果前就出示相应的评价表，有了明确的评价标准，学生的作品输出就有了定规，他们的制作就有了方向指引，有效引导他们更好地完成项目，达成目标。其二教师需要对学生的学习表现进行实时的评价反馈，发现他们的优点，指点他们的不足，对他们的学习行为进行有效的正向引导。

### 3. 基础知识落实策略

在阅读教学的项目化实施过程中，不能只是为了完成项目，呈现最后的成果，而忽略了语文知识的落实与积累。因此不仅要大框架的实施，更要有细微之处的落实，既要放眼整体，也要着眼于局部。

语文阅读教学中不乏一些零散的知识需要去关注，因为这是肃清文本阅读障碍、完成项目学习的基础，同样也可照顾到后期知识测试的需要。所以教师在学生学习过程中，可安排关于知识梳理的任务，或者适时进行重点知识的提示与讲解。

### 4. 学习成果展示策略

首先，搭建多样化的展示平台。基于项目式学习协作性、成果公开化的特点，教师需要充分利用新媒介，为学生搭建多样化的成果展示平台。学习成果不仅在课堂上交流展示，还可以拓展至校园的各个角落，也可延伸至网络平台，引入微信公众号、美篇、抖音短视频各平台的运用，利用新媒体，将成果面向公众，实现共享，扩大作品影响，激励学生认真呈现，以作品展示、推送、点赞评比的方式有效深化学生对成果的深度理解与消化，不止于完成，更在后续传播共享中获得持续的成就感，生成精彩的学习体验。

其次，融入过程类成果展示。在项目式学习具体开展过程中，教师往往关注的是最后的成果，而忽略了学生的学习过程。因此可要求学生用PPT或文档的形式把自己的学习历程展示分享出来，清晰地看到他们整个项目学习的探究过程，一步一个脚印，以此追踪学生阅读过程以及思考探索的过程，起到及时回顾反思的效果。

### 5. 项目效果反馈策略

一个项目学习的结束，并不是真正的结束，更重要的是重视回顾与反思，了解学生是否学有所获。除了使用评价表外，师生有必要对项目结果进行分析总结，讨论学习收获，诸如回答学到了什么？协作是否有效？学到了哪些技能？学习质量如何？哪些地方还可以改进？这有助于强化学习效果。

首先，教师要聚焦要点，展开有效点评。在成果展示环节，教师要聚焦项目的学习要点，针对学生的成果展开评价，挖掘教育价值，提炼关键点，展开具体且有针对性的评价，使得学生的学习真正落地。部分学生在项目学习中肯定会有一些疑惑之处，在交流评点中也须做出相应的引导与回应。

其次，要注重反思，需要师生共同面对真实的学习过程进入沉浸式思考，落实学生学的反馈、教师教的反思。第一，可要求学生写项目日志，项目结束后撰写活动心得，以及个人反思，培养他们的批判性思维。第二，教师在对学生表现做出整体反馈后，也应当认真撰写工作志，反思每一次项目开展的成与败，记录得与失，是否达成了预期目标，学生学习效果到底怎么样，从中吸取经验教训，有利于下一次项目式学习的有效开展。

## （三）保障策略

值得注意的是，在语文阅读教学中开展项目式学习需要教师具备相应的理论知识储备以及专业支持，这样能奠定教师展开设计与实施的基础。

### 1. 加强项目式学习的理论学习

目前，项目式学习正在不同的学科教学领域受到广泛关注，得到了不同程度的推广。但是作为一种新学习模式，许多教师还对项目式学习很陌生，或者听说过，但认识浅薄不深入，存在一些未知与困惑，这直接影响到项目式学习的开展。追溯上述案例发现的问题，根本原因就在教师对项目式学习的认知存在误区。因此教师有必要加强自身对项目式学习的理论学习，厘清项目式学习的概念、要素及特征，熟悉它的操作流程。其次，应关注关于学术界及学科领域的项目式学习的新进展以及新成果，获取相关知识，深入理解项目式学习的本质。再次，广泛搜集语文项目式学习实践的优质案例，汲取精华，以供自身学习借鉴。学校方面也可多组织安排相关专题讲座和培训会，聘请相关专家对语文教师进行专业讲解和培训，提升专业素养和自身能力。

### 2. 组建项目式学习年级教研组

在高中语文阅读教学中开展项目式学习，对教师个人来说十分有难度。尤其像群文阅读项目式学习及整本书阅读项目式学习这类大项目，面对的文本内容多，需要考虑的因素多，有效统整困难，设计与实施起来难度大，所以有必要组建项目式学习年级教研组。团队的力量大于个人的力量，集体的智慧可以为教师的项目式学习实践提供有效的保障。教师在项目式学习准备时，可以寻求年级组的协同帮助。在备课前，大家围坐在一起讨论项目式学习是否适用于这一单元的学习，确定怎样的目标，如何形成更好的设计方案等，在交流的过程中发散思路，及时补充点拨，集思广益，为阅读教学的项目化实施出谋划策，发挥教研组的集体力量。也可组织阅读教学的项目式学习观摩研讨活动，在项目式学习实践后进行集体回顾与反思，总结经验与不足，力求有所进步，在下一次实践中得到优化。同时也可多举办相关的教研活动，研究经典案例，深化对项目式学习的认知理解和实践探索。

# 第六章 高中语文"三步自主合作探究"教学方法

## 第一节 "三步自主合作探究教学法"的提出及操作流程

### 一、"三步自主合作探究教学法"的提出

我们在厘清了探究教学的基础上，构建了具有高度的自主性的探究教学模式"三步自主合作探究教学法"。"三步自主合作探究教学法"是我们在对课改理论深入研读的基础上，寻找学生主体作用有效发挥的方式方法的过程中形成的一种有效的探究教学法。

#### （一）基于问题进行探究教学

我们知道，探究源于问题，问题源于困惑，困惑源于学生自主阅读。过去我们将问题提出来让学生思考回答，尽管这样的教学方法有其优越性，但是其局限性也是显而易见的。这种问题为导向的课堂教学，把学生问题意识教没有了。学生不知道提问题，不会提问题，也不想提问题。我们曾经做过一个实验：我们让学生在教师没有讲解文本之前自主阅读文本，结果大多数学生泛泛而读，他们既不知道自己要学习一些什么东西，也不知道主动提出问题。他们阅读几遍文章感觉什么都知道了，没有什么可以再学习的东西了。可见，学生在自主阅读文本的过程中根本就没有思考文本。他们只是浮光掠影，知道大概的意思就可以了，根本没有深究文本深层次的东西。

为什么会出现这样的情况呢？是我们的学生真的读懂了文本，还是他们不知道去探究文本深层次的东西？显然是后者。当我们随便提出一个问题要学生回答的时候，学生又陷入迷茫之中。如果说我们的学生在开始上学的时候还有许多困惑需要请教老师的话，那么经过一段时间的教学，我们的学生反而没有了问题。这不是说我们的学生真的没有问题，而是他们产生了依赖心理。他们不再主动去思考文本，因为问题不需要他们提出，他们根本不需要操这份心。也因此我们的学生失去了对文本的积极主动地思考探究，失去了产生疑问的能力，没有了问题意识，也就没有了探究的欲望。

那么如何才能解决这个问题呢？自然就是把提问的权利还给学生。让他们在阅读的过

程中思考文本，提出问题。打破他们对教师的依赖，打破课堂的惯性思维，让课堂从教师的问题出发变成从学生的问题出发。

发现问题、提出问题、探究问题，这是探究事物的一般过程。提出问题比探究问题更重要。提出一个问题往往比解决一个问题更重要，因为解决问题也许仅仅是一个数学上或实验上的技能而已，而提出新的问题、新的可能性，从新的角度去看待旧的问题，却需要有创造性的想象力，而且标志着科学的真正进步。由此可见，问题意识在人的发展、科学研究活动中有多么重要的作用。培养学生的问题意识，让学生学会思考，学会提问，这是我们教育界非常急迫的任务。

## （二）基于凸显学生主体进行探究

我们常常说语文教学费时多，效率低，其根本原因就是学生没有真正意义上的主体性，没有去自主阅读思考文本。许多时候学生都是跟着教师的教学设计走，没有思考的动力，也没有思考的时间。其结果就是学生的主体意识被抹杀。学生拿到文本不是积极主动地学习思考，而是等待教师讲解，等待老师告诉他们文本的微言大义，他们失去了自我学习的能力与自我质疑的能力。质疑批判能力的缺失正是学生主体地位失落的原因所在。因此，在教学中，质疑能力的培养是我们教学的重点，也是我们对当前课堂教学改革做出的最大的改变。当前，我们提倡有效教学或者高效课堂，那么什么样的教学才是有效教学，什么样的课堂教学才是高效课堂？我们认为学生没有主体性的课堂不可能是有效教学，学生不能充分参与的课堂教学不是有效教学，学生的思维没有在课堂教学过程中得到有效锻炼的课堂不是有效教学。课堂教学的有效性体现在课堂教学过程中的思维性。思维性的前提是学生的主体性。要使学生真正具有主体性，首先得寻找到一条有效发挥学生主体作用的途径和方法。我们发现这种方法不可能通过一问一答式的教学方法获得，也不可能通过灌输式的教学方法获得，更主要的还是要发挥出学生的主观能动性，让他们自主阅读文本，自主获得体验认识和感受，让学生在单位时间内的思维处在一种最大的张力状态，只有这样，我们才能真正得到高效教学。

而要达到这样的效果，就必须从学生的自主学习入手，从学生的问题入手。让问题成为学生思考文本、探究文本的抓手。正如有教师所指出的："学成于思，思源于疑。""思"是"疑"的前提，"疑"是"思"的结果。只要有"思"发生，必然会有"疑"产生。因此，提出问题必然会促使学生积极主动去思考文本，长期不断地去"思"，去"疑"，然后经过探究释疑，学生的能力就会获得很大的提高。

把问题交给学生，就是贴近了学生的思想实际和认识实际，是真正意义上的以学生为本。教学必须从学生的最近发展区开始，学生的最近发展区不是别的，就是阅读中的困惑，阅读中飞奔出的思想的火花与认识的火花。纵观语文教学的无效教学或者是低效教学，其根本的原因在于脱离了学生的思想实际和生活实际，把学生拔高到教师的层次上来认识文本、理解文本。我们千方百计地要学生接受我们的认识，却没有重视发掘学生的认识，没有从学生的认识出发来进行教学。结果，我们的心很高，愿望很强烈，但是，学生总是不买账。我们没有考虑学生的认识水平，没有考虑学生的最近发展区。教师想的是给学生锦上添花，但没有想到给学生雪中送炭。对学生来说，教师的作用不是输送，而是解困。语文教学，需要的不是阳春白雪，也不是下里巴人，而是雪中送炭。许多时候，我们的教师阳春白雪一番，学生云里雾里的，搞得高深莫测，使学生晕头转向。

语文教学不是把学生提高到教师的水平，而是在学生原有认识水平上有所提高。教师要放弃专家式读者的身份，允许自己和学生把对多元文化文本的接触当成一次全新的学习，并专注于与其他文本、与文化的对话。作为一种教学，教师在这儿扮演的角色不是高高在上的知识的输送者，而是和学生一起的探险者、研究者。整个教学过程应该充满新奇、新鲜和刺激。在这儿学习是一件最快乐的事情。作为教学，我们没有必要将教师的认识强加给学生，没有必要把我们的教学预设放得很高，让学生常常感到吃力。时间长了，他们也就没有自信心了。我们应该放下身段与学生一起深入文本内部进行体验、分析、探究。我们应该引导学生在他们认识的基础上去拓宽、延伸、发展。这样，学生才能真正有所收获。

我们要在教学中充分体现学生的主体性，就必须让学生感受到学习给他们带来的挑战，又能让他们有一种成就感，教学要在这二者之间取得一种调和。我们要把真正的学习主动权交还给学生，让他们将自己的困惑，自己感触最深的地方记录下来，或者作为问题提出来，作为我们教学的资源。只有学生的自信心树立起来了，我们才能激发学生的活力和动力，激活学生的思维，最大限度激发他们探求知识的欲望。

语文教学不是教师表演的一个场所，而应该是教师提供给学生的一个平台，这个平台是学生发展的平台、提高的平台、展示的平台，在这个平台上，教师不是舞蹈者，而是一个指挥者，真正表演的是学生。教师只有让学生在这个平台上充分地表演，让学生的合唱成为课堂教学的主旋律，才能真正获得我们所预期的教学效果。

这个平台的基础不是别的，就是学生的认识，就是学生内心产生的困惑。这些也就是学生自主学习产生的疑惑，或者是学生自主学习产生的认识，这些认识是我们语文教学的基础，在这个基础上的教学才是最有效的教学。我们把学生提到教师的高度还是我们在学生的原有基础之上的进一步发展，这的确是我们每个语文人需要思考的。

因此，要真正做到这样，我们必须从让学生提出问题开始，必须把问题提出的权利交给学生。让学生在提问中去思考文本、探究文本。探究教学是从问题开始，从问题入手，把提出问题作为探究教学的重要一环。我们紧紧扣住问题，把提出问题、解决问题的主动权都交给学生，让他们围绕问题展开合作交流与探究，从而最大限度调动了学生学习的积极性、主动性，凸显学生的主体地位，彰显学生的个性特征。

## （三）基于学生的个性化解读进行探究

从学生的问题出发，就要求我们要尊重学生个性化的认识，我们要从这些认识出发，领着学生走进文本。我们说"有一千个读者就有一千个哈姆雷特"，学生的生活阅历不同，思想境界不同，他们看问题的出发点和角度不同，他们得到的答案也就不同。

任何文本都是作家思想情感的产物，是作家抒写内心世界的产物，我们没有必要将文本抬高，让学生感到文本是多么神圣的东西。我们要让学生学会平视文本，从文本中触摸作家的思想感情，触摸作家灵魂深处的东西。只有这样，我们的学生才敢于提出问题，敢于挑战权威。可以说，就文本来说，我们是站着学习还是跪着接受，这在很大程度上决定了我们的学习质量。

## （四）基于课堂教学学生主体作用发挥进行探究

尽管我们的新课程改革将学生的主体地位放在课改的主要方面，但是，由于受到传统教学模式的影响，在课堂教学中，学生的思考力并没有真正得到培养。教师讲，学生听；或者是教师提出问题，学生回答问题；或者教师提出问题学生合作学习，最后教师归纳总结。这样的课堂教学中，学生没有思考的时间，思维还是随着教师的思维转动，学生对文本思考的深度、广度都严重不足，导致教学停留在一个很浅的层次上。学生的主体地位还没有从根本上得到体现，教师对课堂的霸权还没有得到有效的遏制。虽然我们进行了大量的课堂教学改革，把学生的主体地位放在一个重要的改革目标上，但是，能够充分发挥学生的主体作用的教学并不多，学生在课堂教学中的被动局面并没有多大的改观。

比如在教师主体作用的发挥上，我们还没有找到一条行之有效的方法，特别是在合作探究性学习中，更是如此。合作学习似乎是最能体现学生的主体地位的一种教学方法，但是，由于教师的教学水平、个人素质等的影响，许多时候，合作学习并没有真正发挥其应该有的作用。关键是我们的教师在放开学生之后找不到一条行之有效的方法来组织教学。一放就乱、一收就紧的局面还是困扰一线教师的一大难题。有些课堂教学看起来课堂气氛很活跃，学生是放开了，但是这只是一种表面的热闹，学生内在的心理并没有真正地动起来，外动而内不动。也就是说学生的思维并没有被激活，表面的热闹并不能掩盖内在的苍白与虚弱。这样的教学是很难培养出有思考力的学生的。教学只有学生的思维被激活，让学生处在一种思考的氛围中，才能真正获得应有的教学效果。

教师主体作用的发挥就是找到一条有效地发挥作用的途径和方法。教师既有所为，又要有所不为，大象无形，庖丁解牛，教师在无为之中有所为，才能达到最佳效果。可惜，许多时候，因为凸显学生的主体地位，我们的教师削弱了自己在教学中的地位和作用，他们找不到自己的位置，也不知道如何有效地发挥自己的作用。所以，热闹的背后是教师主体地位的失落。

还有些课堂教学设计的问题很多，课堂教学的程序很繁杂，一环套一环，环环相扣。看起来很精彩，但是其实质是教师表演，学生对文本的认识还停留在原有的认知水平上。

语文教学是最具个性的教学，是最能发挥学生的个性特长的教学，发挥学生的个性特长，培育学生的个性特长，让学生的个性在我们的语文教学中得到张扬，这是我们教学努力的方向。我们为什么出不来创造性的人才？关键就在于我们的这种教学方式和方法，在于我们的教学将学生教得没有了问题，学生没有了思考的能力。一切以教师的说教为准，以正确的答案为准。我们的学生不知道任何答案并不具有唯一性。我们的考试总是将标准答案作为评价的标准，学生不敢提出自己的意见，不敢去进行个性化的表达，更不敢去挑战权威和传统的看法。在这样的教育氛围中，学生失去了独立思考的能力、批判质疑的能力和反思自我的能力。造成这种现象的根本原因就是我们的传统课堂教学结构。这种固化的、僵硬的、死板的课堂教学结构，毫无生机可言，师生像机器按固定程式运行，既不利于教师创造性地教，也不利于学生创造性地学。教育不是把学生教得没有了问题，而是在没有问题的地方教出问题。因此，能不能将学生的问题意识培养出来，能不能让学生在富有个性化的环境中成长，这就成了考量我们教育的最大标尺。

课堂教学改革就需要从改变课堂教学的结构，改变课堂教学中学生的学习方式入手，将课堂真正变成学生的学堂。

## （五）基于创新性学习进行的探究

尽管我们时下有生本教育、有学案教学法等各种全新的方法，这些方法在一定程度上挣脱了传统课堂教学的束缚，给课堂教学带来一股清新的风气，也在很大程度上改变了课堂教学的结构，打破了课改的僵局。但是，这些方法也有很大的局限性，也就是他们都是从教师的教学预设出发来进行教学，问题还是由教师提出，学生学习思考的范围还没有超越教师思考的范围，这在很大程度上束缚了学生的手脚，限制了学生的思维，十分不利于学生的全面发展。

那么，如何才能真正发挥学生的主体作用？如何才能真正有效培养起学生的思考力？教师如何才能找到一条有效发挥自己作用的方式和方法？这都是我们需要探索和研究的问题。

全新的课堂教学模式需要使用全新的思维。探究性学习与传统的教学方式截然不同，我们就应该从另一个角度来思考我们的教学。探究教学探究的一般过程是发现问题、提出问题、解决问题，因此，我们的语文教学也需要从这个角度来思考，遵循一般探究的规律，让学生从发现问题开始，只有发现了问题，提出了问题，学生才能进入问题的情境之中，也只有进入问题情境之中才能激发起他们积极探究问题的欲望。因此，我们的教学把问题的提出作为教学的中心环节，围绕学生的提问，让学生展开充分的自主学习、自主交流、合作探究，从而最大限度地调动学生的学习积极性、主动性，很好地发挥学生的主体作用。

因此，问题是我们语文教学的起点，也是语文教学给学生发展提供的一个平台。

在当前高度信息化的时代和社会背景下，碎片化知识随处可得，知识不再是难以获取的东西。如何对碎片化知识进行整合、如何运用知识，成为当今教育与社会更为关注的问题和挑战，也为培养人才的目标和教育策略提出新的前所未有的挑战。

从知识为中心的碎片化学习转向问题解决的整体性学习，是核心素养背景下深度学习的必然要求，更是实现核心素养教学转化的必然选择。因此，教师在课堂教学中要转变重知轻人的观念，抓住学生的认知障碍点、思维矛盾点、情感体验点和智慧生成点，引导学生开展基于问题解决的整体性学习，实现问题共振、情感共鸣和智慧共生。"目中有人"是核心素养教学转化的前提。

真正有效的学习，是基于学生问题的整体性学习，而不是以知识为中心的碎片化学习。整体性学习遵循学生的认知规律，强调问题解决策略，先见森林后见树木，有利于培养学生的批判性思维，具有整体大于部分之和的功效；碎片化学习遵循知识的逻辑顺序，只见树木不见森林，导致学生的学习处于支离破碎和零敲碎打的状态，如同走迷宫，效益低下。

总而言之，语言建构与运用、思维发展与提升、文学鉴赏与创作、文化传承与理解是语文界最新研究总结的语文四个核心素养。这四个核心素养之间并非并列关系，而是多重交叉关系。

## 二、"三步自主合作探究教学法"的理论基础

### (一) 建构主义的理论

建构主义的知识观认为，知识是学生自主建构的。"三步自主合作探究教学法"非常重视学生自主知识建构的过程，将自主学习、自主提问、自我探究作为合作探究的前提。我们将课堂教学分为自我建构知识阶段、自主提问阶段和合作探究阶段。自我建构阶段是基础、前提，没有这个基础和前提，其他阶段也就失去了意义和作用。在这个阶段，主要由学生与文本亲密接触，让他们充分地自主阅读，自主提问。通过提出问题促使学生深入地研读文本，将自主学习落到实处。在时间段的分配上，我们将一课时拿来让学生学习，通过查阅资料、查字词典等方式来进行自主学习，一方面培养了学生良好的学习习惯，另一方面又为学生自主建构知识提供了时间上的保障。第二课时，我们还是将课堂还给学生，让他们在自主提问的基础上，探索研究问题，既发挥个体的作用，又重视发挥群体的作用。促使学生在原有自主学习建构知识的基础上，进一步深化认识，建构更深刻的知识。

### (二) 人本主义的理论

人本主义理论是近年来比较流行的一种教学理论。人本主义提倡以人为本，要尊重学生，理解学生，要站在人的角度来理解学生的学习，尊重学生的差异，尊重学生的个性。在"三步自主合作探究教学法"中，我们非常重视每个学生的作用，重视发挥小组学习的合力作用。同时，我们也非常重视学生的自我建构知识，重视每个学生的认识，力争理解他们认识的源头，从思维上理清他们的思路，从他们的需求出发开展探究性学习，在满足学生需求的同时，发展学生的智力，提升学生的学习力。

### (三) 读者反映文论

读者反映文论认为文本的意义是不确定的，而是经过读者的阅读活动而建构的。文本的意义是在读者的阅读中实现的。没有学生的阅读活动，文本的意义将毫无价值可言。作为三步自主合作探究教学，我们十分重视学生自主阅读文本的过程，十分重视学生自我建构文本意义的过程。把自主阅读文本作为其基本的教学过程。我们认为，只有学生经过自主阅读活动，建构起文本的意义，合作交流探究活动才能真正发生。语文教学的有效或者高效，首先是学生自主学习、自主阅读的有效或者高效。这是我们有效教学的前提和基础。

### (四) 参与式教学理论

参与式教学即根据学生的实际需要和愿望，以主体性为内核，以自觉性、选择性为特征的学习。参与式教学认为教学的艺术不在于传授的本领，而在于激励、唤醒、鼓舞。"三步自主合作探究教学法"把学生的参与作为重点内容，重视让每个学生都参与到教学活动中来，重视发挥每个学生的合力作用。参与式教学的理论是我们十分重视学生思考力的培养，提供机会让每个学生都发表意见和看法。教师对学生的认识不做过多的干扰，让学生真正成为学习的主人。

## 三、"三步自主合作探究教学法" 的操作流程

在教学中，"三步自主合作探究教学法"遵循学生自主学习、提出问题—学生交流、筛选问题—合作交流、探究问题。

### (一) 质疑阶段

第一阶段是学生自主学习，提出问题阶段，我们总称为质疑阶段。

也就是说学生自主阅读文本，在阅读文本的过程中将自己有疑惑的地方记录下来，作为问题，准备在课堂活动中交流探究。同时，还可以将自己的感受和认识记录下来，作为和同学交流的东西。在本阶段中提出问题是主要任务，意在培养学生的问题意识、思考能力，养成学生良好的阅读习惯。

本阶段可能会出现学生不会质疑，找不出有价值的问题，特别是在初始阶段。这时候教师要进行引导：或者明确学生提问的方向；或者提出一个思考提问的维度；或者提出一个问题启发开导。

一般情况下，一个文本可以从这样四个维度来思考提问：第一个维度是有关字词方面的，哪些字词的含义不是很理解，找出来，查字典词典解决；第二个维度是有关人物言行神态的。主要让学生思考人物的某个言行神态中包含着怎样的思想情感，从中可以看出人物有哪些内心活动等；第三个维度是有关重点词句含义的理解和认识的，可以让他们找出一些含义深刻的语句，体会这些句子的内在含义是什么；第四个维度是有关文本结构的。通过这样一些维度的提示，学生寻找问题就容易多了。时间长了，学生拿到一个文本，就能很快地进入问题状态。

对于提出问题，我们可以放在课内进行，也可以以前置性作业的形式来进行。这要根据具体的情况来确定，根据学生的学习状况、文本的难易程度以及文本的长度等来确定。

一般来说，文本较难、较长的，为了节省时间，可以以前置性作业来完成。

为了开拓课堂教学空间，对文本中一些知识性的问题，我们可以通过前置性作业，让学生通过查阅资料来完成。对学生没有能提出而教师又在教学预设中预设了的一些重要问题，教师可以以商量的语气，以学生的身份提出来。要避免教师的问题干扰学生的问题，或者给学生造成一种心理上的压力。比如，大家提出了这么多的问题，老师也有一个问题不理解，想请教大家，不知道哪位学生能够帮老师？这样可以解除学生的戒备心理，激发他们思考的积极性，这很好地解决

在提出问题阶段，我们首先让学生和文本接触，经过自主阅读，反复思考，将那些不懂的问题记录并标示出来。我们为了让学生真正深入文本之中，在阅读之前就有明确的任务，要求他们提出问题，不仅是自己不懂的问题，还可以是学生认为有价值的问题，这样，激发了学生阅读文本、思考文本的积极性和主动性，也在某种程度上激发了他们探求文本的欲望。为了使这一环节不走过场，我们要求每个学生将问题标注在书上，这是为下一步的筛选问题做准备。这个阶段，关键在自主，教师不要过多地干预，放开学生的手脚，真正达到放牧生命的境界，才能真正有所收获。没有自主性，也就没有合作探究性。因此，做好本阶段的工作是最难，也是最有价值的。

传统的课堂教学更多的是教师讲解，给学生思考的时间很有限，虽然也有合作学习这个环节，因为学生自主学习不充分，自我建构知识的过程不完整，学生对文本只是浮光掠影地看了一下，就要让他们进行合作交流，难免流于形式，这也许就是当下许多合作学习，生本教育不能出效果的根本原因吧。因此，"三步自主合作探究教学法"非常重视学生自我建构知识，自主阅读文本、思考文本这个环节。这个环节一般需要半节课时间。经过本环节的学习，学生已经对文本有了一定的思考，也提出了他们认为需要讨论的问题或者他们困惑的问题。此时，教师可以进入第二个环节，筛选问题阶段。

就一种阅读活动来说，学生能不能提出问题以及提出什么样的问题，反映了学生阅读文本的状况，也可以看出学生对文本理解的程度。对探究性学习来说，学生有了问题，才去进一步思考问题、探究问题。因此，自主阅读提问阶段非常重要，是下面几个阶段的前奏。第一阶段的路铺好了，第二阶段的路就好走了。

就目前来说，长期的师问生答的教学模式，使得学生的质疑批判思维严重不足，难以激发学生自主探究问题的欲望。因此，让学生提出问题，看起来很是简单，但是真正实行起来却并不容易。要克服传统教学惯性对学生的影响。学生可能不会提出问题或者是还像往常一样等、靠、要。因此在本阶段，可能会出现学生提不出有价值的问题，学生的问题零散、不成体统，或者干脆不提问题，这些都需要教师在初始阶段加以引导，对学生提出

的问题不但要分类，还要进行点评，这样促使学生深入思考他们提出的问题，认识他们自主学习的不足之处。

## （二）筛选问题阶段

第二阶段，我们称为自主合作，筛选问题阶段。

在本阶段，经过前一阶段的自主学习，学生对文本有了一定的认识和思考，大部分学生能提出他们的问题，但是由于学生能力大小不一，他们提出的问题也就千差万别。为了提高课堂学习效率，节约课堂时间，我们让学生合作交流问题，然后筛选出他们小组认为最有价值的问题，让一部分没有思考价值的问题得到过滤。

本阶段的学习是自主性和合作性相互补充的一种学习。问题提出以后，小组之间交流问题，提出一些他们小组内的问题。对一些小组内可以自主解决的问题，学生可以合作解决，对不能解决的问题，形成小组问题，以备进一步全班交流。

在这个阶段，学生通过自主阅读，自主提问，合作交流获得了对文本一定的认识，他们对自己的一些问题开始进行思考。此时进入探究阶段。不过这种探究还是初步的探究性学习。这种探究是自主的、自发的，是不成系统的。在这个阶段，学生可以查阅他们手头的资料，也可以和其他同学一起探讨商量解决，还可以向老师求教。通过这个阶段的合作交流、自主探究，学生的大部分问题就可以解决。剩余的那些学生不能解决的问题，就成为我们探究学习阶段需要解决的问题。

在小组筛选问题阶段，一般要经过这样四个过程：汇报—质疑—辩论—筛选。汇报就是每个学生汇报自己的问题，其他同学倾听、分析判断，对他的问题做出价值上的判断。要求学生不轻易否定别人的问题，必须善于倾听别人的观点，对别人的观点要善于辨析，要说出理由。质疑，就是对别人的问题的一种"挑剔"。看他的问题是否有价值，是否触及文本的实质、是否贴近文本。文本中的哪些内容能说明这个问题，或者他提出的哪些内容不能说明这些问题等，都要在小组内进行交流探讨。经过本环节，学生更进一步深入认识了文本，同时，这个过程也是学生对自我的一种深刻的反思。此时此刻，学生有了自己的思路，对自己的问题也许会理出个头绪。

这一步承接上一步，是上一步的深化，也为下一步的深层次的探究性学习扫清了障碍，铺平了道路。经过这一阶段的筛选问题，学生的问题大大地减少，一些无关紧要的问题也得到了筛选，这就为集中精力解决那些学生不能自主解决的问题铺平了道路。

## （三）探究阶段

第三阶段，就是对核心问题的探究阶段。

经过前一阶段的自主学习，一些简单的、不需要教师启发诱导的问题，学生已经解决了。这样就大大地简化了课堂教学程序，避免了在一些不必要的问题上花费时间，节约出来的时间，可以让学生思考那些需要集中精力思考的问题，既经济，又高效。

在这个阶段，小组展示他们提出的问题，并且将他们思考的问题的结果展示出来，其他小组聆听、分析、判断。如果展示小组的答案有问题，其他小组有补充的地方，可以让他们充分补充。

教师重点在启发诱导，让学生掌握一些必要的探究方法。分析问题，看问题的核心和实质是什么，怎么解决问题。根据问题进一步阅读文本，寻找相关的材料支持问题的解决。

本阶段，主要经过提出问题—展示思考结果—其他小组补充完善或者小组再次合作探究—教师点评，得出结论。

我们以自主合作学习举手最早的为第一个发言人。他们上台汇报自己的问题，比如他们小组筛选出几个问题，他们思考了哪些问题。其他小组认真聆听，对他们不完整的地方可以让其他小组来补充完整。为了鼓励质疑，我们还鼓励学生对别人的答案进行质疑。在这个阶段，学生的答案无论有多么离谱，教师都不要过多地干扰学生回答，应该让他们充分发表意见和看法，让每个同学的思想都在阳光下运行，这样我们才能真正有所收获，学生也才能够有所发展。

一般来说，筛选出的问题就是我们课堂教学需要解决的问题。有些教师害怕学生筛选出的问题不是教师预设的问题，或者是与文本无关痛痒的问题。其实，在大多数情况下，一般学生的问题还是在教师预设的范围内。对那些实在没有意义和价值的问题，教师可以明示以后忽略不顾。还有一些问题看起来偏离了文本，但是如果我们教师稍加延伸，也许就会将问题引申到教师需要的问题上来。这就需要我们有一双敏锐的眼睛，善于从这些问题中发现有价值的线索，将这些看起来没有意义和价值的问题延伸到我们需要的问题上来。

在实施过程中，虽然经过了筛选，但是学生提出的问题还是比较多。课堂教学不可能完全解决学生提出的问题，教师应该根据问题决定讨论时间的长短。对一些重点问题教师可以拿出更多的时间来讨论交流，力争让更多的学生发表自己的意见。

在实践中，因为学生提的问题比较多，有些小组的问题还没有来得及展示就下课了。对此，有些教师提出能不能让教师首先根据学生提出的问题，教师做筛选，然后再让学生围绕这些筛选的问题，进行课堂探究学习。一方面，筛选问题是对学生的一种锻炼，也是凸显学生主体地位的一个有效的途径，有这个过程和没有这个过程是大不一样的。另一个方面，课堂教学只要抓住一两个问题就可以了，关键在于对问题挖掘的深度和广度。

对一个文本来说，我们认为，一节课时间段内能够集中精力讨论一两个问题也就可以了。只要抓住主要问题，牵一发而动全身，整个课文就可以理解了。同时，集中精力解决一个问题，可以很好地锻炼学生的思维能力。

我们认为语文教学的根本还是要锻炼学生的思维能力，让学生的思维能力处于张力状态。过去，我们总是提出许多问题，总是设计许多教学活动，课堂看起来丰富多彩，也很具有艺术性和看点，但是，对学生而言则作用和意义不大。我们每个问题都要学生思考回答，而思考的时间又是那样短暂，学生对文本的学习与思考、学生对问题的思考都停留在表面，蜻蜓点水，看起来面面俱到，但是起不到真正锻炼学生思维能力的目的。

"三步自主合作探究教学法"中的教师做什么呢？在第一、第二阶段，主要将问题交给学生，学生是学习的主体，教师一般不干涉学生的学习，只是在一边监督督促学生的自主学习，使学生的自主学习达到充分与完满。在第三阶段，教师要善于发现学生问题的价值，善于将学生问题的价值挖掘出来，将他们一些不着边际的问题引导到我们文本中来，让他们贴近文本来思考问题，提出问题。教师要做好的是点评工作。对学生的认识问题要进行点评，促使他们进一步思考。

总而言之，三步自主合作探究法解决了学生不会提问题、不会解决问题的难题，同时，也在很大程度上训练了学生的思维能力，提高了课堂教学的效率，是比较理想的一种教学方法。

"三步自主合作探究教学法"层层递进，环环相扣。将学生的自主学习放在突出的位置，很好地体现了以学生为主体的教学原则。它既是对一般意义上的合作探究学习的一种继承，也是一种突破，是一种能有效提高课堂教学效率的高效的教学模式。

# 第二节 "三步自主合作探究教学法"实施的条件及原则

## 一、教师

无论什么样的教学，教师都作为重要的教学主体而存在，教师作用的发挥都是教学作用发挥最重要的前提条件。

### （一）教师是一种重要的教学资源

传统的语文教学教师是知识的拥有者，是是非的判断者，教师的任务就是将自己的认识想方设法让学生理解、掌握。而"三步自主合作探究教学法"中的教师角色发生了很大的变化。教师将课堂还给了学生，将课堂时间更多地给了学生，他成了学生的聆听者。他想方设法理解学生的问题，思考学生的认识，摸清学生的思想动态。学生需要教师不是为了获得教师的肯定，而是为了从教师那儿获得一定的认识，丰富他们的认识，深化他们的认识，使他们的认识更加完善、更加丰富、更加深刻。在"三步自主合作探究教学法"中，教师是学生学习的一个支撑点，通过这个支撑点，学生的学习更有效、更丰富。所以，对"三步自主合作探究教学法"来说，教师作用不是减弱了，而是增强了，只不过教师发挥作用的方式方法不一样了。传统课堂教师直接进行教学，而"三步自主合作探究教学法"中的教师发挥作用更间接，更具有促进推动作用。"三步自主合作探究教学法"中的教师作为一种教学资源，支持学生的自主学习，促进课堂知识的生成。

"三步自主合作探究教学法"中教师不直接讲授，而是通过对学生认识的点评、追问、质疑问难等促进学生反思自己的认识，进一步理清学生思路，拓展学生认识的广度和深度。

## （二）教师要有很强烈的主体意识

课堂教学改革把凸显学生主体地位放在首位，但是并不意味着要弱化教师主体作用发挥，相反，教师主体作用的发挥具有重要作用。"三步自主合作探究教学法"中教师的作用不亚于传统课堂教学中教师的作用。传统课堂教学教师重在对课堂教学过程的设计，重视将自己的认识让学生接受。因此，教学设计总是把文本分解成几个有价值的问题，通过问题让学生理解文本。教师的这种先入为主的做法，剥夺了学生学习的自主权，忽视学生作为学习主体作用的发挥。许多时候教师设计的问题不一定是真问题，不一定对学生都有思考价值。学生对教师的问题也不一定就能真正理解认识。这种师问生答的教学模式，师生之间很难达到同频共振的效应。所以，传统课堂教学看起来教师很强势，但是，获得的效果并不明显。"三步自主合作探究教学法"中教师作用发挥建立在学生主体作用发挥的基础上，课堂教学更多是从学生学习的过程中来进行。教师高屋建瓴，高瞻远瞩，对学生学习中出现的问题，对学生认识上的不足，以及如何让学生更进一步去认识文本，教师都有清醒的认识。在课堂教学中教师与学生结成学习共同体。教师随时参与学生学习过程，随时分享自己的认识成果，润物无声。这种课堂教学过程并不精彩，但是学习过程却很容易出彩。

创造性来自教师的主体意识和主体能力。"三步自主合作探究教学法"需要教师创造性地开展教学工作。教师对文本意义的建构具有很强的自主性，教师对文本有独特的认识和体验。他们不仰仗于教参，不听命于教参，一切都随学情而定。

## （三）教师要有很高的语文专业素养，要有很宽广的教学视域

教师主体作用的发挥有赖于教师的专业素养，一名教师的专业素养决定了教师的语文教学的教学视域，这种教学视域以隐性的方式存在于教师身上，发挥着决定性的作用。语文素养高的教师的教学视域就宽广，他就有一种运筹于帷幄之中，决胜于千里之外的本领。相反，教师的语文素养低下，他的教学视域就非常狭窄，他们只是教参书的搬运工。在新课改中许多教师之所以放不开手脚，之所以唯唯诺诺，关键的原因就在于他们的语文素养偏低，教学视域不宽广。

教师素养的一个重要方面就是文本解读能力，文本解读能力决定教师的教学视域。许多时候，我们的教学之所以无效，关键就是我们的教师对文本的解读不深刻、不透彻。教学中教师放不开手脚的根本原因是我们教师对自己没有信心，他们的知识储备很难应对学生千奇百怪的提问或者回答，他们很难从学生的回答之中找到教学资源。有时候，学生的问题看起来并不入题，没有价值，似是而非，但是，如果我们的教师再向前引导一步，问题的价值就显现出来了。有时候，由于学生语言的障碍，他们对问题的表达并不清楚，这时候教师就应该用明确的语言帮助其表达。教师只有有了很深厚的语文专业素养，他对文本解读得深刻透彻，他在教学中才能从容自如应对各种问题。

尽管新课改我们把语文课堂教给学生，把提问的权力交给学生。但是这不等于教师无事可做，或者是教师不发挥作用，相反，要想使学生的合作探究学习有效果，教师必须高瞻远瞩，高屋建瓴。要有运筹于帷幄之中，决胜于千里之外的课堂管理才能。对语文教师来说，要做到这两点，教师就必须有很深厚的文学素养，要能够对文本有很敏锐的教学敏感。一名语文教师，他就像一个高明的中医师，善于把握学生思想的脉搏，善于厘清学生的思路。该补的时候要补，该泄的时候要泄。教师对学生的回答不应是简单地肯定与否定，而要知道学生答案的来龙去脉，能够很快地厘清他们的思路，能够知道学生提出问题的角度，知道他们是从哪个方面提出来的，他们是怎么思考的等。只有这样，我们的教学才能游刃有余，从容自如。

## （四）教师要有机智的应变能力

"三步自主合作探究教学法"从学生的问题出发来进行探究性学习，许多东西都不是教师预设好的，这样就增加了课堂教学的不确定因素。这就要求教师在教学中有很强的应变能力、识别能力，能够从学生的问题中发现值得探究的线索，能够对学生的回答及时做

出判断，能够对学生的认识及时给予延伸、拓展。要真正达到这样的要求，教师就必须有很强的文本解读能力。解读文本的能力是一名语文教师的最根本、最基础的能力。许多时候语文教学的效果不佳，或者语文教师的反应迟钝，应变能力不够，关键在于教师对文本解读得不深刻、不透彻，他们心中就没底，所以他们对学生提出的问题做出的回答就含含糊糊，模棱两可。教师只有吃透文本，把握住文本的精要，才能够在教学中从容应对。

### （五）教师要有开放的心态和善于倾听学生的胸怀

多年来，师道尊严，教师总是扮演着全知全能的角色，教师总是高高在上，一副无所不知、无所不晓的样子。教师对我们的学生没有信心。他们总觉得学生这也不行，那也不行，教师总是习惯于扶着学生走路，生怕他们跌倒。一旦撒手，就感觉自己没有尽到责任。其实，学生具有很强的自主学习能力，特别是到了中高年级更是如此。如果我们适时将课堂教学还给学生，让他们在文本中去思索，自主地去探究，让他们在阅读文本中充分获得自我感悟，我们的教学就有可能获得更大的效率。

学习兴趣的激发有赖于学生自主意识的提升，学生自主意识的提升有赖于教学中教师善于放手、敢于放手。有时候，我们的课堂教学之所以提不起学生学习的兴趣，关键就是我们没有把他们的主观能动性激发出来，没有把他们的能量充分释放出来。我们总是把他们禁锢在一定的范围内，他们的思维受到一定的限制。这样的教学，学生很难有表现自我、展示自我的机会，这严重地挫伤了学生学习的积极性和主动性，使学生创造的天性遭到了扼杀。

对"三步自主合作探究教学法"而言，教师要相信学生，要放下架子，和学生一起探究探索。不要为学生设定条条框框，要知道教学的资源、教学的生成不是教师预设好的，而是在动态的探索研究过程中师生一起探究文本而生成的。教师要善于发现学生问题的价值，善于引导学生认识自己，了解自己，从自我狭小的封闭圈中走出来。

### （六）教师要成为学生的支援力量

尽管我们大胆地放开学生，让学生充分地和文本对话，建构起他们自己对文本的认识，但是，学生的认识毕竟是有限的，如果我们教师不能通过课堂教学使学生的认识充分地得到提升，让他们在合作交流中飞溅起思想的火花，那么我们的教学也不是有效教学。教师的作用不是教给学生知识，而是引导学生更深刻地认识自己，感悟别人。

作为"三步自主合作探究教学法"，教师的素质在其中起着一个重要的作用。"三步自主合作探究教学法"看起来教师的表现机会不多，但是如果教师没有对文本进行深刻的认识，没有驾驭课堂的能力，那么"三步自主合作探究教学法"是很难发挥作用的。对"三步自主合作探究教学法"来说，课堂教学的过程是以学生为主体，无论是提出问题还是解决问题，更多的是由学生来完成，教师既要有所为，又要有所不为。教师要思学生之所思、想学生之所想，要知道学生认识的根在哪里，触摸学生的思路，然后有针对性地去质疑、点评、启发、诱导。台前表演的是学生，幕后操纵的是教师。教师如何处理学生提出的问题，教师如何对学生提出的问题进行处理，既不伤害学生的自尊心，又要将课堂教学引导到正规的渠道上来，这就要看教师的教学智慧。教师应该像大禹一样，采用挖渠引流、顺势而为的办法，让学生的思路更畅通，语言更流畅。

## 二、学生

"三步自主合作探究教学法"实施的第二个条件是学生，"三步自主合作探究教学法"是否符合学生的学习实际，是否符合学生的年龄特点，学生是否具备自主学习的能力和意识等，都是这种教学模式成功的必要条件。而学生有没有这方面的能力，就需要我们在教学过程中去有意识地培养。任何教学模式都是这样，一方面要有与这种教学模式相符合的教师，另一方面我们要培养出适应这种教学模式的学生。

### （一）学生要有强烈的主体意识

主体意识建立在学生自信心的基础之上，没有学生的自信心，也就没有学生的主体。就儿童的天性来说，学生都很喜欢表现，喜欢问问题，但是，我们经过一段时间的教育，学生没有了问题；学生喜欢在课堂上发言，但是，经过一段时间的课堂教学之后，学生不喜欢发言了。为什么？这除了学生随着年龄的增大，他们的自我保护意识有所增强外，还与我们的教学有关。特别是他们受到的挫折多了，他们的自信心也就逐渐地丧失。他们不再提出问题，也不再回答问题。学生的创造性思维也就在这样的教学中熄灭。因此，要培养学生的自信心，让学生大胆地提出问题，大胆质疑教师和同学。教师应该对学生的这种天性加以保护，勿使其受到挫伤。我们要像保护眼睛一样保护学生的自信心。

在教学中，我们要培养学生的自信心，树立他们的自信心，就必须相信学生、尊重学生、依靠学生、给学生留出时间和空间。教师要让每个学生都有参与到教学中的热情，让学习的过程成为他们表现自己，展示自己的过程。教师要善于放下架子，成为学生的知心朋友。教师要善于聆听学生的发言，善于发现他们的闪光点，善于从学生的认识出发延伸、升华、拓宽他们的思路。教师还要善于为学生厘清思路，善于从他们的问题之中发现有价值的教学资源。教学应该从学生中来，再到学生中去。只有我们树立了以学生为中心的教学原则，我们学生的主体意识才能真正得到保护，他们的主体意识才能真正增强。

## （二）学生的主体意识建立在自主学习的基础之上

主体意识也是一种习惯，也就是我们的学生在我们的教学基础上形成的那种自主学习的习惯，有没有这样的习惯是检验学生主体意识的重要标尺。多年来我们接受式学习，使我们的学生已经没有了自主学习的习惯。课堂上他们是带着耳朵来听讲，却没有带着头脑来思考。学生总是处于一种被动学习状态。"三步自主合作探究教学法"重视学生提出问题，重视学生自主地思考文本，重视学生的合作探究，这些可以在很大程度上凸显学生的主体地位，培养起学生自主学习的意识。因此学生的主体意识不仅在学生，而在于我们教师在教学过程中的培养。教师只有放心地、大胆地让学生去自主学习，学生才能逐渐地树立起主体意识。

## （三）学生要有一定的学习基础

"三步自主合作探究教学法"从学生的提问开始，从学生自主阅读文本开始。学生在阅读的过程中要对文本做出自己的判断与评价，这就需要学生有一定的学习策略，有一定的学习基础。"三步自主合作探究教学法"需要培养能自主学习的学生，需要我们教师在学生自主学习前有意识地培养他们的自主学习意识和能力。在学生提问上，教师要求他们能掌握一些基本的提问策略，要给他们明示一些提问的方向，让他们知道如何提问，从哪儿提问等。同时，教师还要让学生掌握一些基本的文本解读的策略，为他们理出基本的思路，提高他们自主学习的效果。"三步自主合作探究教学法"还需要我们从低年级开始就有意识地培养。低年级学生是最富有问题意识的年龄阶段，他们总喜欢问为什么，教师就应该注意让学生在学习的过程中多问几个为什么，特别是在学生没有问题的地方提出问题。低年级时，我们虽然不能使用"三步自主合作探究教学法"来施教，但是我们可以为学生将来中高年级的学习打基础。在低年级，我们重在保护孩子们的天性，重在呵护孩子们的自信心，使之免于受到伤害。

## 三、实施"三步自主合作探究教学法"的教学条件

## （一）必要的信息技术条件

随着信息时代的到来，信息资源成了我们重要的教学资源，充分地利用信息资源，有效提高课堂的教学容量，最大限度提高学生的知识容量，这都成了语文教学的重要任务。

探究性学习的基本要素就是要培养学生的信息素养，培养学生的资料意识，获取资料的能力，以及从资料之中提取信息的能力等。

信息资源为学生提供自主学习支持。学生自主学习需要学生通过网络、课外资料来理解文本、认识文本、建构知识。课外资料也在某种程度上是一种交流、对话，这里的交流是和资料的交流，对话是和资料之间的对话。构建文本的意义除了要调动学生的生活经验、生命体验之外，还要通过获取资料，深刻理解文本、认识文本。因此，资料的搜集整理在很大程度上影响着学生自主学习的效果，影响着学生提出问题的质量和思考文本的深度。"三步自主合作探究教学法"重视学生搜集资料的过程，重视让学生从搜集的资料之中来获取有价值的信息，重视让学生按照一定的方式和方法搜集资料，让他们有目的、有方向地搜集资料。同时，教师还十分重视学生对资料进行分析，重视培养学生利用资料的能力。

要重视培养学生查阅资料习惯的养成。传统语文教学更重视教师的教，却不重视学生查阅资料习惯的养成。比如生字词，我们没有培养起他们查阅字词典的习惯，再比如文本中涉及的一些知识性的东西，我们也没有有意识地让学生在课前查阅，学生养成了事事依赖老师的习惯。"三步自主合作探究教学法"特别强调自主，无论是课文中的生字词，还是文本中一些知识性的东西都要求学生来自主地查阅资料，翻阅字词典，以求养成他们阅读的良好习惯。可以说信息技术为三步自主合作探究法提供了强有力的支持，特别是培养学生的自主学习意识和能力，都发挥着不可替代的作用。

## （二）要有宽松和谐的教学环境

所谓教学环境，一般指教学的社会环境、学校环境和班级环境。就教学的社会环境来说，"三步自主合作探究教学法"需要在一种宽松的社会环境中来进行。社会的评价还是从学生的成绩来衡量教育质量，而不是从综合素质上来衡量学生的好坏。这样就给教师的教学加上了一道枷锁，也成了教师越不过去的一道坎。因此要避免从教学成绩来衡量教学效果，就必须从改善教育环境开始，特别是社会的教育观念。"三步自主合作探究教学法"是为未来培养创造型的人才，为学生将来的探究性学习做准备。所以，不能急功近利、急于求成。

就学校环境来说，学校的领导要开明、开放，要有很强烈的教学改革意识，要对新事物抱有积极的支持态度。当前，学校为了自己的政绩，只管成绩，不管教学改革。尽管教改挂在他们的口头，在实际行动上，他们还是以教学成绩来要求教师，还是以传统的教学来评价教师。这十分不利于"三步自主合作探究教学法"的实施。

就班级环境来说，教师要营造良好的民主的班级环境，要形成一种积极的、良性的、民主的班级学习氛围。

## 四、"三步自主合作探究教学法"遵循的基本原则

### （一）自主性的原则

所谓自主性就是将探究教学作为学生的一种自主探究学习的活动，无论提出问题，筛选问题还是探究问题，都将学生放在突出位置。教师不但要敢于放开学生的手脚，而且还要善于放开学生的手脚，把学习的时间、探究问题的主动权交还给学生。重视发挥个体的作用，同时又不忘发挥全体的作用，既重视发挥学生的作用，同时又不忘教师作用的发挥。

探究性学习是一种主体的学习活动，探究是主体的一种积极主动的学习活动。自主性的原则要求我们在探究教学中把学生放在首要位置，把学生的自主学习作为探究教学的主要方式，无论是从问题的提出还是问题的解决都是在学生自主学习的基础上来进行。自主性还体现在对问题的探究过程之中。在探究教学中，让学生充分发表自己的看法，表达他们自己的观点，让每个学生都能够将自己内心的认识展示出来，与大家一起交流。

### （二）问题性的原则

所谓问题性原则，就是整个教学过程之中以问题为抓手，特别是我们将学生置于问题情境之中，让他们自主阅读，自主提问，最大限度地激发他们探究的积极性、主动性。从问题出发到问题解决这样一个过程，问题贯穿探究教学的全过程。探究教学的问题不是教师预设的问题，而是学生在自主阅读学习的过程中产生的困惑，或者是学生认为有价值的、值得探究的问题。通过让学生提出问题，最大限度地激发他们探究问题的热情。通过自主筛选问题、探究问题，使学生的主体地位得到最大限度的落实。

同时，探究教学把解决问题作为教学的重要一环。通过围绕学生提出的问题，教给他们探究问题的方式和方法。特别是要让学生知道如何从文本之中寻找解决问题、支撑问题的材料，从而形成一种思维的惯性，严密他们的逻辑思维能力。同时解决问题要让他们深入地挖掘文本背后的东西，要在问题和文本之间建立一定的逻辑联系，使他们明确解决问题的基本思路。

### （三）开放性的原则

所谓开放性的原则就是整个课堂是面对全体学生的，整个教学的过程是面对全体学生

的，不把教师的教学预设作为限制学生自由的绳索，真正把课堂交还给学生，给学生最大的学习自主权。开放性一方面体现在课堂教学过程的开放，另一方面体现在课堂教学生成的开放。

过去我们总是把课堂限定在教师的教学预设之中，学生围绕教师的课堂教学预设活动，学生毫无自主性而言，学生只是为了完成教师的教学预设的一枚棋子，是为教师的教学预设服务的，课堂教学在一个封闭的教学环境之中进行。同时，就教学生成来说，也是限定在教师的教学预设的答案上，超出教师教学预设的东西都成了多余的，或者被教师否定，或者没有机会展示。

探究性教学就是要根据学情来确定教学的过程，根据学情来确定教学的生成。把学生的学习贯穿在整个教学过程之中，让课堂成为学生的表演场所，让每个学生都在这个过程之中有所收获。

### （四）引导性的原则

对"三步自主合作探究教学法"来说，教师的作用的发挥至关重要。虽然我们把课堂交给学生，成了学生的表演场所，成为学习的演练场所，但是，这并不意味着教师无所事事，无所作为。教师要有所为又有所不为。放开课堂不等于放纵课堂。教师要参与到整个学生的学习活动之中。要引领着学生往前走，而不是原地踏步。教师也不是将学生引导到自己预设的路上来，而是顺着学生的思路再往前走。

引导教学活动不是主导教学活动，主导是教师要把学生引导到自己的预设之中来，是对学生学习的一种过度干涉。引导是教师根据学生的学情，及时对那些明显错误的，或者是偏离了问题探究的路径，教师及时引导到正路上来。两者是有本质的区别的。引导是从学生中来，再到学生中去，是在对学生充分尊重基础上的一种引导。引导要考虑的是学生的思路是什么，为什么要出现这样的偏差，他们的问题出在哪儿，现在需要让他们明白什么。要让学生自己能明白过来，具有很强的自主性。

# 第三节　"三步自主合作探究教学法"的教学目标

## 一、课堂教学的预设与生成和教学目标的落实

作为一种教学，课堂的预设与生成都是一个绕不开的重要问题。在传统的教学中，教

师只重视教学预设，对于课堂的生成鲜有研究。课堂的教学评价也是看教师的"表演"，而不看学生的实际收获，这就在很大程度上影响了教师对课堂的评价。

"三步自主合作探究教学法"非常重视课堂的生成问题，并且把生成问题作为其教学的起点。语文学科的课程特点决定了语文课堂的生成与其他课堂的生成有本质的区别。根据读者反应，就学习对象的文本来说，只有经过学生的自主学习，构建起文本的意义，文本的意义对学生来说才是真正有意义的。也就是说，文本意义要通过学生的阅读活动来实现。对教学来说，教学的指向是学生，文本的意义只有在学生那儿生成了，只有学生对文本有了切身的体会和感悟，这才算是真正有效的语文教学。

因此，教学应该是学生通过课堂学习建构意义的过程。课堂教学的有效性就是学生建构文本意义的有效性。

那么怎样才能让学生有效地建构起文本的意义呢？传统语文教学非常重视教师的教学预设，教师根据自己对文本的解读或者教学参考书上的解读，设置成一个个关联的教学过程，设置成一个个问题，课堂教学的过程就是解决问题的过程。我们设置了一节课的重点、难点。这些重点、难点都是从文本出发而设置的，这在很大程度上体现了教师的主观愿望，并没有反映学生的实际情况。教师在教学中就是要让学生接受自己的预设，课堂的生成也是看自己的教学预设是否落实、实现。我们常常说教学是一门遗憾的艺术，正是我们从教师的教学预设出发来说这句话的。我们的许多教学预设并没有在学生那儿得到落实、实现，只是在部分学生中间部分地落实了，大部分学生可能很难体会到教师所体会到的东西，很难满足教师的愿望。这就构成了二律背反。

"三步自主合作探究教学法"从学生的问题出发，在解决学生问题的过程中，达到提升学生认识，促进学生思维发展的目的，使课堂生成落实到学习过程之中，落实到学生之中，从而提高探究学习的有效性，针对性提高了课堂教学的效率。审视当前我们的语文教学，无论是合作学习还是生本教育，从根本上来说我们都没有改变这样的现状。所以，语文教学看起来形式丰富多样，但是其实质并没有多大的改变。如果我们只是从教师的教学预设出发来进行教学，课改永远难以有大的突破。因此，打破现有的教学局面，还课堂于学生就成为课堂教学改革的突破点。

## （一）教案的写作与课堂预设

传统语文教学的课堂预设主要是通过教师课前的教案来体现。无论是上级教育部门还是一般的学校领导或者是一般的教师的观念中，教案的写作都是必不可少的一个环节。通过教案形成教学方案，详细记录教学过程，有些甚至把教师说的话学生说的话都预设进去，似乎不这样，就不是一个合格的教师。同时，作为教案或者是教师的教学预设，问题总是由教师提出，课堂教学过程中学生只有回答问题的份儿。由于被动回答问题，学生很难在课堂中主动地去思考文本、探究文本，使学生的学习自主性很难得到充分发挥。

作为语文教师，根本的目的还是学生自主学习能力的培养。许多时候，我们的教师按照一定的程式写出教案，然后按部就班去上课，教师成了教案的奴隶。这样作茧自缚，不但学生的主体作用发挥不出来，教师的主体作用也不能很好地发挥。导致教学的低效或者无效。同时因为写作教案，浪费了教师的精力和时间，使他们没有时间和精力去研究教材、研究教学。就教学设计来说，我们的教师都是考虑我们需要让学生掌握一些什么，却没有考虑我们的学生能掌握一些什么。教和学常常发生错位。

语文教案写不写似乎争论了好长时间，在这些争论中，我们发现许多论者认为教案是教师教学的蓝本，是教师上课的依据，因此，主张要写教案，而且要详细写作。还有一些教师认为，不写教案就是一种犯罪，是不负责任的表现。我们不能否认，对刚刚走上讲坛的年轻教师，教案写作对他们的成长以及教学起着很重要的作用。但是，对于那些有丰富教学经验的教师，教案的写作并不很重要，有时甚至根本起不到应该有的作用，甚至可能起反作用。在某种情况下教案的写作与否，看起来是个态度问题，其实际是教师的教学观念在教学中的具体体现。同时，教师根据学情来上课，课前不是写教案，而是研究教材、研究教法，更多的是研究学生。作为教学设计的文本呈现，教师可以进行教学预设，但这种预设不是一成不变的，教师也不能生搬硬套使用，更不能把教案当作金科玉律。从学生的学情出发的教学，应以学定教，哪里是问题，哪里是难点，要根据学情确定。解疑释惑是以学定教的基本原则。教师先入为主，常常会适得其反。

常常看到有些教师在谈到自己的教学设计时，总是说这里如何，那里如何。但是，大多数情况下，我们的教师都是站在专家学者的层次上，或者是站在自己的层次上来进行教学，我们总是以一个行家的角色来引领学生进行文本解读，但是我们鲜有人站在学生的角度来考虑我们的内容如何来教。教师的教和学生的学是相互脱节的。我们说的有效教学，什么样的教学才算是有效，真正的课堂教学是建立在学生学的基础之上，是对学生学习的进一步拓展、升华和深化。学生的发展是检验教学有效与否的根本标准。

## （二）语文教学内容的确定与课堂的生成

语文教学预设的另一个重要问题就是教学内容的问题，也就是教什么的问题。这个问题看起来很简单，不是问题的问题。但是，恰恰就是在这儿，我们的教师并没有真正搞懂、没有真正搞清楚。许多时候，我们把语文教学的内容当作一个定性的东西，通过课堂教学活动努力让学生接受，我们总是从一个专家学者的角度来引领学生解读文本，我们总是把学生抬高到专家学者的角度来认识文本。而学生很难达到这样的高度，结果学生的学习兴趣就在这样的教学中逐渐被消磨，学生的厌学情绪也逐渐产生。

就语文教学的内容来说，语文课程的内容看起来是确定的，但是在具体实施的过程中，常常因为教师不同，内容也就相应的不同，这是语文课程的特点所决定的。其实，语文课程的内容正是因为不确定，才使得语文教学充满了诱惑。可以说这种不确定性给了教师很大的发挥空间，同时也给学生的自主学习提供了广阔的舞台，也给我们的教学很大的自由。要真正地发挥语文课堂教学的优势，就应该充分考虑学生作用的发挥。教学内容是与教学目标相联系的，一定的教学内容是为一定的教学目标服务的。"三步自主合作探究教学法"的目标重在培养学生的问题意识、自主学习能力。因此，"三步自主合作探究教学法"的教学内容要为这两个目标服务。三步自主合作探究法非常重视学生学习的过程、探究的过程、内容生成的过程。"三步自主合作探究教学法"的内容是在课堂动态中生成的。通过生生之间、师生之间的对话与交流通过合作探究，生成课堂教学内容。教师通过研读文本，根据文本特点预设教学内容。但是这种预设不是一成不变的，教师要根据学生学情及时做出调整。

课堂教学改革虽然提倡把学生作为学习的主体，但是因为我们的这种教学设计，特别是我们教师还把教学设计作为法宝来使用，那么我们学生的主体作用是很难在这样的教学设计中发挥出来的。这样的教学学生只能是教师教学的一枚棋子。因此，我们认为要真正有效发挥学生的作用，就应不惜抛弃教师的教学预设。也许有些人会说，教师不是先预设教学，那课堂教学不就乱成一团了吗？我想我们首先要搞清楚教学设计的目的是什么？是为了设计教学过程还是为了熟悉课文？如果是设计教学过程，那么我们的课堂教学就只能按照我们课前的教学设计走，这样就难免忽视学生的存在，因为我们的课堂教学是为了完成我们的教学任务，使我们的课堂教学变得更合理、更安全、更有秩序、更好看。许多时候我们看似新课改的东西，就是因为教师要展示自己的教学设计，课堂教学的目标和任务很难落到实处，花里胡哨，好看而不实用。因此教学内容是在教与学的互动中生成的，是师生通过课堂教学的过程建构的。

通常情况下，我们仅仅局限在教学设计之中，我们不能摆脱我们的教学设计，我们不能从学生的角度来考虑文本的学习与解读，我们给学生的都是专家学者的认识，形成定论的东西。这看起来很负责，也很敬业。但是，我们是否考虑学生的实际接受程度，我们是否让学生真正地感受到了我们所要学习的东西，这恐怕是很难说清楚的。

生本教育提出要放牧生命，怎么样才能放牧生命？那就是让学生进行大量的阅读，和文本亲密接触，从他们对文本的具体感受入手，来进行我们的教学。我们的教学要建立在学生的这种学的基础之上，有了这个基础我们的教学才能顺藤摸瓜，找到学生的学习思路，找到学生认识提升的突破口。

## （三）教师作用的发挥与课堂的生成

教师的作用是什么，就是解疑释惑的，学生有了疑惑教师要能帮助其解决，这才是教师的真正作用。教师本领的大小，教师作用的大小就在这里体现出来。而教师真正要能解疑释惑，就必须有很高的解读文本的能力，只要我们教师心中装有教学文本，对文本的认识是透彻的、到位的，我们就能够从容地去应对教学中的各种问题，就能够应对学生的各种挑战。

因此，对语文教学来说，我们需要考虑的是两方面的问题，一方面是我们教师能发挥到什么程度。教师发挥作用通过教学预设体现出来，也就是我们需要在课堂教学中给学生一些什么东西。大多数语文教学就在这方面打转。另一方面是学生又能发挥到什么程度，我们就不能不考虑学生能接受到什么程度，一节语文课能给他们提供一些什么东西。教师的教学与学生的学习相互之间有了融合点，才能取得最大的效果。我们许多语文课堂教学之所以低效或者无效，就是因为他们只注意自己的教，却严重地忽略了学生的学。

对"三步自主合作探究教学法"来说，教师的预设不仅要考虑文本存在的东西，我们还要学习文本中没有存在的东西，这些东西才是理解文本的一把钥匙。教师要和学生一起探究文本，看学生对文本能懂得一些什么，还需要懂得一些什么。如果仅仅从教师的预设出发，我们把一切都设计得那样完美，我们不知道我们的这些东西在学生那儿生成了多少，我们想当然就认为只要我们提高文本的高度，学生就能达到我们认识的高度。这种认识，使得许多教师在课前把教学过程设计得那样精细，那样分明，也为了这样的过程，我们不惜牺牲学生的时间。教师不是为了学生服务，相反地，倒是学生为了教师所精心设计的教学过程来服务，这在我们的公开课中得到了集中的表现。公开课之所以备受人们的诟病，关键原因就在这里。

语文教学不是将教师自己的感悟、体验让学生来体验、感悟和认识，我们不是从学生的思想实际出发，从学生的认识实际出发来施教。我们不是要学生接受教师的体验和感悟，而是要我们从学生的认识出发，进一步提升他们的认识，让他们的体验和感悟在原有的基础上更深刻、更广泛。

从课堂的预设角度来说，如果从学生这个角度来考虑我们的语文教学，那么我们就可以说，教师事先的教学预设可以有。但是，这不能作为课堂教学的主要东西。教学过程之中教师不是想方设法将学生提高到自己认识的水平，不是希望和学生达成教学一致，而应该是放开课堂教学，放开学生的思维，给他们自由驰骋的天地。

放开课堂教学，这看起来教师轻松了，给教师松绑了。但是对教师的要求则更高了。教师也和学生一样，要阅读文本，要建构起对文本的意义，要形成自己对文本的认识。教师也要努力试着拿自己的认识来影响学生，但是，这仅仅是影响，而不是强行灌输。教师对学生的认识要有心理准备，要能看清楚学生认识的来龙去脉，教师不是要把学生引导到他自己的这条路上来，而是顺着学生的认识，对学生的认识进行拓展、延伸、深化、升华。学生的思想容易出现惰性状态，他们容易满足于自己的认识，教师就是要在他们的头脑中掀起风暴，让他们的思维处于张力状态，这样，教学才能处于一种最佳状态。我们期望的那种教学局面才会出现。

许多时候，我们教学的过程性都是一种虚假的过程性，我们的过程设计得井井有条，环环相扣，层次分明，看起来很有看点，但是其使用价值却并不大。我们常常说教学是一门艺术。其实，教学根本不是一门艺术。如果我们将教学当作一门艺术，我们只是把教学当作一门艺术来经营，那么我们又把学生当作什么呢？学生只能是观众、是看客。这种观众和看客的地位，必然导致学生主体地位的失落。许多时候，在我们的教学中，学生的思维并没有在这个过程中得到张扬。学生紧紧跟在教师的后面，在完成教师预设的教学过程。虽然我们给了学生思考的时间，但是这些时间一般都很是短暂，学生很难深入去思考这些问题。真正有效的课堂教学应该是使学生的思维处于最大张力状态的课堂。衡量教学效果的最主要的依据就是学生的思考力在我们的教学过程中是否得到了张扬，是否得到了有效的培养。

## 二、"三步自主合作探究教学法"的教学目标

### （一）简化语文课堂教学程序，提高语文课堂教学的效率

"三步自主合作探究教学法"是解决当前语文教学诸多问题的有效的教学方法。"三步自主合作探究教学法"符合语文新课程改革的理念，是能够有效凸显学生主体地位的一种教学方法。

"三步自主合作探究教学法"就是在充分研究现有教学的基础上，特别是对现有的教学不断认识的基础上建立的一种有效提高课堂教学效率，充分体现学生主体地位的教学法。它既借鉴了生本教育的长处，又避免了生本教育的短处。生本教育重视了学生的课前自主学习，但是，这种课前学习的效果在很大程度上与教师设计的教学问题有关。而"三

步自主合作探究教学法"则不然。它也有前置性作业，但是这种前置性作业不是根据教师的问题去研读文本，而是让学生在研读文本的基础上提出自己的问题，是在学生充分阅读文本的基础之上的作业，学生的自主性更强，自主学习的空间更大。"三步自主合作探究教学法"把提问的权利交还给学生，这既激发了学生阅读文本的兴趣，彰显了学生自主阅读的主体地位，同时还在很大程度上为课堂的学习打下了坚实的基础。

## （二）锻炼学生的思考力

思考力的培养是语文教学最终的也是最主要的目标。"三步自主合作探究教学法"将问题的提出、问题的解决、问题的筛选等都交给学生，让他们在自主提问，自主合作学习的基础上形成一定的认识，课堂教学就在这样的基础上展开。这不但大大简化了课堂教学的程序，同时，学生与文本亲密接触的时间和机会大大增加，也为学生思考文本、探究文本提供了时间上的保证。

语文培养学生的什么？语文要学习什么？是对文本的欣赏能力，是学生的语言能力，还是什么？叶圣陶先生认为语文是学习语言的，是为了掌握语言这种工具，我们习惯上称之为工具说。从工具说出发，他认为，语文教学就是要培养学生的思维能力。语言是思维的外衣，语言和思维的关系是形式和内容的关系。因此，他认为，语文教学的目的就是培养学生的思维能力的。的确，语文教学的根本目的是学生语文素养的形成。语文素养包括语言素养，而且语言素养是语文素养的最重要的一方面，是语文课程的主干。培养学生的思维能力，就必须深入地挖掘文本，深入地思考文本，在思考文本的过程中培养起学生的思考力。有了这样的思考力，我们学生的写作、阅读也就不是什么问题了。"三步自主合作探究教学法"将学生置于问题情境之中，通过自主提问，激发学生主动探究文本的欲望。在课堂教学中让学生积极主动探究问题，特别是教学在与学生探究问题的过程中，根据学生的认识，有针对性地进行点评，或者对学生的回答进行有针对性的质疑，或者要求学生在文本中找出相关内容来证明自己的问题，这使学生的思维始终处在张力状态，既是对文本的一种深度学习，又是对学生思维的一种有效锻炼。

现在我们的语文教学充斥着说教，缺少学生对文本的深沉体验和感悟，我们注重教师的说教，缺少学生的自主体验和感悟。我们更多的是对文本的浮光掠影式地学习，蜻蜓点水式地讲解，我们缺少学生对文本深层次的东西的挖掘。

## （三）培养学生的问题意识

最精湛的教学艺术，遵循的最高准则就是让学生自己提出问题，自觉学习。而我们现有的教学更多的是教师提出问题，学生解答，这样虽然能够直接进入教学内容，直接将教师的教学预设实现，但是，这样做的弊端也是显而易见的。学生被动地回答问题，长期这种问答式的教学，也在一定程度上泯灭了学生的问题意识，学生的依赖思想严重，也不利于学生主体地位的发挥。

要培养创新人才，就必须创新我们的教育方式。就目前来说，我们的学生最缺乏的是什么？是创造性的精神。无论是基础教育还是高等教育，我们的学生习惯于接受式学习，而不习惯于创造性学习；我们的学生习惯于回答问题，却不习惯于提出问题；我们学生习惯于接受，不习惯于探究。因此，语文教学中，开展探究性学习就显得异常必要而且紧迫。

探究作为一种实践活动，既是使用知识的过程，也是发现新知识的过程。在这儿，文本对学生都是一个矿藏，我们就是要让学生在里面挖掘出他们所需要的东西。

而探究学习，首先就要从问题意识的培养做起。没有问题，也就没有探究。没有探究，也就没有创新。问题意识怎么来培养？就从学生的困惑开始。问题意识不仅是学生主动去提出问题、寻找问题，更主要的是学生始终以探究的目光去审视文本、思考文本。

许多时候，学生不问问题是一种不自信的表现。他们生怕问题多了受到教师的责备，同时，也生怕问题多了，显示自己学习能力不够。所以，问题意识的培养，教师首先要打破学生内心的那种恐惧，解除学生的戒备心理。

## （四）培养学生的个性

对文本学习来说，教师的预设常常超出学生的学习能力，尽管我们预设的都是我们教师理解了的，是我们教师认识文本的结果，但是学生真正能理解多少，他们在哪些地方能理解，哪些地方不能理解，这些都还是个未知数。有些尽管我们做了详细的讲解，但是学生还是难以理解，文本还是难以真正走进学生的视野。我们从学生的问题出发，则避免了这方面的问题。学生对文本理解到什么程度，他们在哪些地方还有疑惑等，都是我们教师需要知道的，而"三步自主合作探究教学法"则避免了这方面的缺陷。

探究教学就是要放开学生，把文本作为一个开放的系统，让学生在自主阅读的过程中产生疑问，产生困惑。然后在有了困惑之后进行深入的阅读研究，得到一个自己满意的答案。

"三步自主合作探究教学法"从语文学习的特点出发，把培养学生的个性特征作为重要教学目标。提出的问题是个性化的，探究文本的方式方法是个性化的，获得的感受认识也带有极强的个性化色彩。教师既重视让学生形成共识，同时又让学生保持自己独特的体验与认识。"三步自主合作探究教学法"重视对学生认识根源的挖掘，重视学生反思能力的培养。因此，"三步自主合作教学法"显然也会让学生形成共性认识，同时更重视个性化的认识。

语文学习是最个性化的，我们说语文的外延等于生活的外延，生活有多广阔，语文就有多广阔。学习语文既要以文本为主，同时，又不能死死局限于文本。文本只是一个例子，文本的例子作用就体现在透过文本这个例子，我们要让学生获得一种生活的能力、思考的能力，走进文本是为了走出文本。要想识得庐山真面目，就必须跳出庐山，站在庐山之外看庐山，站得高，看得远。

语文学习最适合的方式就是探究性学习。探究性学习是语文实践特性的体现。对文本来说，文本永远是开放的，是一个既熟悉又陌生的东西，每次阅读，感受不同、认识不同、收获不同。因此，我们的阅读教学不能停留在教师的讲解层面，不能将学生的认识固定化，我们要让学生学会探究，学会从不同的角度、不同的方面来对文本做出解读。

# 第四节　"三步自主合作探究教学法"的实施策略

## 一、"三步自主合作探究教学法"的基本策略

作为一种自主性很强的教学模式，"三步自主合作探究教学法"非常重视教学策略的使用。就整个教学过程来说，我们采用了与传统教学不相同的教学策略。策略不仅是教师教的策略，更主要是学生学的策略。

### （一）开放性教学策略

传统的课堂教学喜欢在一种封闭的环境中教学，教师把学生的学习限定在特定的范围之内，紧紧围绕自己的教学设计来展开教学。这样，束缚了学生的手脚，禁锢了学生的思维，十分不利于创造型人才的培养。新课程改革提倡凸显学生的主体地位，如何才能真正体现学生的主体地位？如果我们还在原有的教学框架内思考我们的教学，不能跳出传统语文教学的窠臼，还是把合作学习放在原有的教学框架内来思考，那么真正意义上的合作探究教学是难以发生的。因此，我们必须跳出传统课堂教学的模式，从学生的角度来考虑我们的教学。把学生的自主学习作为我们课堂教学的支点，放开课堂、放活学生就成了我们课堂教学所必需的。

所谓开放性策略，也就是我们在教学中给学生更大的学习自由和空间，给学生更多的时间让他们参与到整个教学活动中来，整个教学围绕学生的学习活动来展开。课堂是开放的还是封闭的，这体现了新课改与传统教学的区别。

开放课堂教学，就是教师要把课堂向学生开放，给他们更大的学习自由；开放贯穿在我们整个教学过程之中。开放不是放开，开放的过程是一种放牧生命的过程。开放具有灵活性、自主性的特点。而放开是一种不负责任的表现。开放的课堂教师还存在，教师的作用还在教学过程中体现出来，不过这种体现是一种民主状态下的体现。开放的课堂是一种民主的课堂。它是对教师独霸课堂教学的一种反转，是真正意义上的以学生为主体的课堂教学。

对"三步自主合作探究教学法"来说，自主提问讲究问题开放，放开他们的手脚，让他们在文本中自由呼吸，让他们自主建构文本的意义。在合作筛选问题的过程中，对每个学生开放，让每个学生都有话说，都能说上话，彰显课堂教学的民主；探究问题，讲究过程的开放，教师对学生的问题放开让学生发表意见和看法，教师做到不轻易否定学生的答案，不轻易打断学生说话，教师在一旁尽量帮助学生，拓展他们的思维，完善他们的语言表达，提升他们认识的高度。教师要放开课堂，放活课堂，让课堂真正成为学生的课堂，对于每个问题的探究，教师要充分发扬民主，让每个有看法的同学都能发表意见，教师对问题只做思维上的点评，不做定性的评价。

## （二）教师支援性教学策略

所谓支援性策略，也就是在整个教学中，教师要给学生一定的策略上的支持，让学生学习策略、把握策略，使用一定的策略来进行自主学习、自主探究。在整个教学过程中，教师不是权威，也不树立自己的权威，而是给学生学习一定的支援，让他们的思考能深入下去，让他们的认识能深化下去。

学生毕竟是学生，学生的学习能力、学习方法有限。当我们把课堂开放给学生，要提高学生的自主学习的效率，提高学生自主学习的有效性，教师就必须给学生一定学习策略上的支持。自主提问，合作筛选，合作探究，这三个阶段相连贯，层层递进，形成一体。教师要在各阶段教给学生提问的策略、合作学习的策略、探究的策略等，让策略在学生的自主学习中发挥支柱作用。

"三步自主合作探究教学法"凸显学生的主体地位，课堂灵活开放。教师把课堂交给学生，但并不意味着教师在这个过程中无所作为，教师要有所为，又有所不为。有所为，就是教师要以适当的身份参与到"三步自主合作探究教学法"的过程之中。在三步学习之初，教师要及时发现学生学习的盲点，及时提示找出学生的不足，点明他们思路上的缺陷。在小组合作阶段教师要参与到小组中倾听，督促学生讨论交流；在探究阶段，教师要掌控问题的轻重，把握探究的节奏，对学生思考不完善的要及时拓展、延伸、深化、升华，要采用点评、反问、追问等方式，促使学生反思、深思，开拓学生的思维空间，培养良好思维品质。

## （三）自主性教学策略

整个"三步自主合作探究教学法"以学生的自主学习为主线，以合作探究为旨意，课堂建立在学生"学"的基础上，在自主阅读中感悟文本，在自主阅读文本中提出问题、探究问题。自主学习为基础，合作探究建立在自主学习的基础之上，这样就大大地提高了合作探究的有效性。

自主学习的习惯和意识需要培养。我们在教学之初，让学生提出问题，然后在课堂教学过程中进行归类。由于学生的问题多而杂，教师很难掌控课堂教学的局面，而且也十分不利于学生学习效率的提高。同时，课堂教学中归类，也占用了课堂教学的时间，不利于教学任务的完成。

后来，我们把提问这个教学环节放在课前，作为前置性作业。但是由于缺乏监管，同时学生本身的课业量十分大，学生根本没有时间来完成这样的任务。即或是完成了也是浅尝辄止，根本没有沉下心去思考文本。

经过分析研究，我们将课堂提问放在第一课时内，在第一课时学生主要完成阅读文本，提出问题，然后小组筛选问题。这样，自主学习有了教师的监管，同时也有了时间上的保证，这样就大大地增强了学生自主学习的意识，也很好地培养了学生的阅读习惯。

## 二、"三步自主合作探究教学法"实施过程的教学策略

提出问题，以及提出一些什么样的问题，这对"三步自主合作探究教学法"来说十分重要。可以说，"三步自主合作探究教学法"就是建立在学生问题基础之上的一种教学方法。怎样让学生能提出问题而且提出有探究价值的问题，这是我们研究的核心问题。

在我们平时的教学中，我们发现，让学生阅读文本学生总是显得有些不耐烦，他们把阅读文本看作是一件非常乏味的事情，总是没有耐心看下去。阅读总是浮光掠影，对文本根本不做深入的思考。长此以往，学生对语文学习也就失去了信心，没有了兴趣。

如何让学生深入地阅读文本，思考文本？如何最大限度地凸显学生的主体地位，发挥学生的主观能动性？提出问题就是方法之一。

首先，提出问题让学生有意识地去关注文本，思考文本，这样极大地激发了学生的内在潜能，有力地提升了学生阅读文本的兴趣，也为探究文本奠定了基础。

其次，提出问题很好地凸显了学生的主体地位，特别是作为一个阅读主体。过去我们总是奉行教师提出问题学生来解答，学生总是处于被动思考的地位，他们很难有主体性，也很难有主动性。"三步自主合作探究教学法"把问题的提出作为语文教学的重要环节，将问题抛给学生，他们在充分自主学习的基础上提出问题，这样使得学生的主观能动性大大被调动起来，为课堂的合作交流奠定了坚实的基础。

最后，学生提出问题使教师很容易摸清学生的实际思想，使教学更具有针对性，更加有效。学生提出的问题都是经过他们思考以后不能解决或者是他们思考以后认为很有价值的问题，即或是那些没有价值的问题，也是学生思考的结果。教师的课堂探究学习针对学生的问题，学生思考的也是他们思考过的问题，回答的也是他们思考过的问题，这样很容易使学生走进课堂教学之中。

既然提出问题如此重要，那么如何才能让学生提出有价值的问题？首先，要充分地相信学生，对学生要有一定的信心。许多时候，我们之所以不敢放手，不愿意放手，关键就是我们对自己的学生不放心，没有信心。我们要相信我们的学生有能力提出一些有价值的问题。

## 三、基于问题提出的教学策略

我们有这样的经验，学生在拿到语文书以后，或者在学习文本的时候，总是对文本充满浓厚的阅读兴趣。但是，一般学生阅读一两遍之后，就感觉到索然无味，再也没有阅读的兴趣。产生这种现象的原因是学生的阅读停留在表面上，他们没有思考文本的习惯，没有探究文本的意愿。或者是因为受到传统语文教学教师提出问题学生回答问题这样的教学影响，他们一般不去主动思考文本，不去主动挖掘文本深层次的东西。不知道究竟在语文学习中获得哪些能力。他们怎么去阅读文本，从哪些方面、哪些角度认识文本。其结果是阅读只是一种有声或者无声的朗读，而不是一种思考活动，一种探究活动。学生缺乏对文本的好奇心，缺乏必要的探究兴趣。

对问题意识的好奇心需要我们通过阅读活动有意识地去培养。好奇心一般都是从一些陌生的事物或者是一些他们不理解的事物中产生出来的，而学生又具有强烈的愿望去理解它们，认识它们。面对一个文本，学生在开始阅读的时候是充满好奇心的，他们具有强烈的要阅读的欲望，但是他们一旦阅读过之后，那种对文本的好奇心就消失了。阅读教学就是要将这些学生感觉熟悉的文本变得陌生，让他们产生强烈的探究欲望。而这种欲望的产生有赖于问题的提出。也就是说让学生拉开与文本的距离，让他们用怀疑的目光去审视文本，从而激发他们的好奇心和探究欲望。

那么我们如何让学生对文本始终充满好奇心，让他们尽量多地从文本中获得一定的有价值的信息呢？这就需要我们让学生在阅读过程中提出问题。我们在开始教学的时候，将文本抛给学生，让他们提出问题，他们一般都提不出什么问题。问他们为什么没有问题，他们一般不知道还有什么问题。显然，他们对文本的理解与认识是肤浅的，一些深层次的东西他们根本没有思考。对此，教师不要急于责怪学生，而是随便拿出文本中的一个内容进行质问，让他们在没有问题的地方发现问题。比如，学生阅读完文本，我问学生，读懂了没有？大多数学生回答懂了。我随便就文本中的一方面提问，他们回答不上来。可见，他们并没有懂，所谓的懂只是一些皮毛的东西。经过教师这样一问，他们才知道原来有许多东西看起来懂了，其实他们根本没有懂。他们对文本中的许多东西还很是迟钝。这样会促使他们进一步再次深入阅读文本，思考文本。经过一段时间的锻炼，学生的眼光会逐渐变得敏锐起来，许多原来没有进入他们的阅读视野的东西就会逐渐进入他们的阅读视野，学生的问题意识明显增强。

文本对学生来说，看起来是熟悉的，但是教师就要善于将熟悉的东西陌生化，让他们重新审视文本，思考文本，获得一些他们没有的体验和感悟。让学生提出问题看起来是将问题交给学生，只是一种形式上的变化，但是，这种变化其实具有许多潜在的阅读价值，这需要教师去挖掘、去开拓。

对探究性学习而言，提出问题是探究教学重要的一方面。探究首要的是从问题开始，而问题意识是探究的根本和核心。发现问题比研究问题更重要。要真正让学生深入到文本的内部，首先就要让学生思考文本，让他们找到自己所不懂的地方。多年来，语文教学都是教师提问，学生回答思考，这样，学生没有问题意识，拿到一个文本他们不知道提什么问题，他们也不知道从哪些方面、哪些角度来提出问题。另一方面，长期的师问生答的教学模式，也使得学生很难发现问题。学生已经懒于思考，不善于思考，等、靠、要思想严重。学生学完文本，根本不知道自己究竟学了一些什么、究竟要学一些什么，他们的心里是一团漆黑。就是因为他们提不出问题，找不到要学习的东西，这就需要我们教师给学生提问的向度，让他们知道从哪些方面来寻找问题，提出问题。经过一段时间的训练，学生就很容易找到问题。

## （一）明示问题提出的向度

我们发现，学生提不出问题的原因是他们对文本没有整体的思考，没有认真地分析文本，或者是没有形成提问的习惯。他们的提问多停留在表面，深层次的问题提不出来，这样就影响课堂教学的效果。对此，教师要在实施"三步自主合作探究教学法"的时候，配合教师的提问，让学生明确教师是从哪个角度、哪方面提出问题的。我们还规定了提问的方向。首先是字词方面的问题，有哪些不理解的字词；其次是动作神情颜态方面的问题，许多动作神情颜态方面的词语之中包含着玩味不尽的意蕴，这需要我们去关注。

一般来说，文本涉及的问题有这样三方面：

第一，字词方面的问题（不认识的字词，人物语言、动作、神态方面的词语，特定语境状态下特定词语的意义等）。

第二，含义深刻句子方面的问题（人物的语言，言在此而意在彼，揭示主题的语言，升华思想的语言等）。这些语句可能就是理解文章的一把钥匙。我们特别提醒让学生关注这方面的问题。

第三，作者写作思路方面的问题。为什么要写这些内容，这些内容对下文有什么作用，和下文有什么联系，等等。

明确了提出问题的向度，这为学生的自主学习、自主提问指明了方向，学生很容易进入文本之中，很容易抓住文本的核心问题，特别是可以细化学生对文本的认识，符合学生认知的规律。

## （二）在对比中发现问题，使用矛盾法提出问题

在文本中，由于有许多矛盾，有些是人物的内心世界的矛盾，有些是事理的矛盾，有些是情节之间的矛盾等。在教学中，教师要善于让学生从中发现问题。

教师在教学的过程中，可以根据学生的具体情况，有针对性地进行提示，学生的思维很容易被激活，思路很容易被打开。学生遇到类似的内容，很快就可以去思考。

# 参考文献

［1］彭小波. 高中语文与生活化教学［M］. 北京：现代出版社，2022.

［2］张丕友. 高中语文教育教学的实践与反思［M］. 长春：吉林教育出版社，2022.

［3］程志伟. 多维度高中语文教学方法探索［M］. 长春：吉林人民出版社，2022.

［4］李新武. 高中语文整本书阅读金钥匙：学术著作卷［M］. 济南：济南出版社，2022.

［5］郭建军. 高中语文思维模板教程［M］. 北京：清华大学出版社，2022.

［6］张晓初，张妍. 中学语文生命课堂教学创新实践［M］. 天津：天津社会科学院出版社，2022.

［7］李进祥. 中学语文教学实践及其艺术性研究［M］. 北京：中国书籍出版社，2022.

［8］齐崇. 语文与生活［M］. 长春：吉林人民出版社，2022.

［9］许纪友. 语文教学的哲学与诗意［M］. 芜湖：徽师范大学出版社，2022.

［10］张丽佩. 语文教学与传统文化研究［M］. 长春：吉林出版集团有限责任公司，2022.

［11］李支舜. 新课程语文教学探究与思考［M］. 上海：上海交通大学出版社，2022.

［12］刘祥. 高中语文新课创意解读与教学设计［M］. 上海：华东师范大学出版社，2022.

［13］康海荣. 新课程背景下的中学语文教学研究［M］. 北京：北京工业大学出版社，2021.

［14］马宗义. 中学语文阅读教学与课堂教学改进策略研究［M］. 长春：吉林人民出版社，2021.

［15］李媛媛. 语文学习与学生语文能力培养研究［M］. 长春：吉林人民出版社，2021.

［16］侯璨敏，王玉印. 课堂上的思维导图·高中语文阅读提升法［M］. 杭州：浙江人民出版社，2021.

［17］王进. 基于新课程标准的高中语文教学研究［M］. 武汉：华中科技大学出版社，2021.

［18］刘广霞. 高中语文核心素养教学研究［M］. 武汉：武汉出版社，2021.

［19］井冠华. 高中语文大单元教学设计指导［M］. 合肥：黄山书社，2021.

［20］兰娟. 高中语文高效课堂教学研究［M］. 北京：团结出版社，2021.

［21］张茂全. 中学语文教学研究［M］. 西安：西北大学出版社，2020.

［22］张增广，范春荣，贾学平. 审美视域下的中学语文课堂教学实践探索［M］. 长春：吉林人民出版社，2020.

［23］福荣，范春荣，黄秋平. 核心素养在中学语文教学中的培养策略［M］. 长春：吉林人民出版社，2020.

［24］姚家全. 高中语文专题教学初探［M］. 上海：上海三联书店，2020.

［25］关在龙. 高中语文项目式教学实践研究［M］. 济南：山东科学技术出版社，2020.

［26］刘凤英. 现代高中语文课堂教学艺术研究［M］. 长春：吉林人民出版社，2020.

［27］罗黔平. 高中语文课堂教学实践与探究［M］. 长春：吉林大学出版社，2020.

［28］马驹. 核心素养视域下高中语文群文阅读教学研究［M］. 长春：吉林人民出版社，2020.

［29］宋学婷. 高中语文教学内容的整合运用研究［M］. 长春：吉林人民出版社，2019.

［30］王丽丽. 核心素养下的高中语文教学研究［M］. 延吉：延边大学出版社，2019.

［31］何国跻，王亚生，陈姝睿. 高中语文有效教学系统构建［M］. 长春：吉林大学出版社，2019.

［32］钟翠婷. 高中语文"整本书阅读"教学研究［M］. 长春：吉林人民出版社，2019.

［33］李慧洁. 高中语文阅读教学质量提升策略研究［M］. 长春：吉林人民出版社，2019.

［34］张林. 高中语文学习任务群教学实践举隅［M］. 上海：上海交通大学出版社，2018.

［35］孟庆远. 语文课程资源的开发与利用［M］. 北京：中国国际广播出版社，2018.